U0914419

成都万有图书有限公司　出品

史谈

伍立杨自选集

伍立杨——著

北方联合出版传媒（集团）股份有限公司
春风文艺出版社
·沈阳·

图书在版编目（CIP）数据

史谈 / 伍立杨著. — 沈阳：春风文艺出版社，
2012.7
ISBN 978-7-5313-4206-9

Ⅰ. ①史… Ⅱ. ①伍… Ⅲ. ①散文集－中国－当代
Ⅳ. ①I267

中国版本图书馆CIP数据核字(2012)第043930号

史 谈

选题策划 魏希望
书名题写 敬 居
特约编辑 康 艳
责任编辑 王维良 姚宏越
责任校对 彭力胜
装帧设计 最近文化
开本尺寸 880×1260 1/32
字 数 160千字
印 张 7.5
版 次 2012年7月第1版
印 次 2012年7月第1次

出版发行 北方联合出版传媒（集团）股份有限公司
春风文艺出版社
地 址 沈阳市和平区十一纬路25号
邮 编 110003
网 址 http//:www.chinachunfeng.com
购书热线 024-23284402
印 刷 四川新华彩色印务有限公司

ISBN 978-7-5313-4206-9 定价：30.00元

自序

幽微处的情绪烟云

纸上的风景，搜剔幽秘，如人饮水，冷暖自知。欧洲小说，自夏多布里昂，描写风景，成为一时风尚。虽游离主题之外，却自有妙趣。五代后蜀韦縠编选《才调集》，他就相信文字词采，其韵之高，可比桂魄；其词之丽，可胜春色。陈从周一部《说园》，议论周匝，文字雅俊，缩龙成寸，点缀疏密，不啻一部胸中之园林。微雨小窗，草木苍然，苏东坡时代的风景，今天已难实指，而其文字心情，仍可一贯。夜来风雨一灯，闭户读书，翻开全唐诗，光是看看题目，也就很有意思了。《塞路晚晴》《春晚旅次有怀》《秋宿湘江遇雨》《寄邻庄道侣》，汉字天然的组合，意境深深，惹人沉吟叩弹。看来纸上的风景，一半是大自然，一半是文字奇妙组合产生的韵味。魏晋诗歌虽窥情风景，钻貌草木，太过重视形似，然在一番雕琢研磨之中，文字的神理，悄然潜伏下来。故虽看若形似，而文字越千年，实形神俱在。顾长康说会稽山川之美是“千岩竞秀，万壑争流”。多少年又多少年，山川非复旧时容，而此文字定格的自然之美却灵性长存不灭。文字意境，其勾勒渲染，所予人者，甚至过于自然本身。

王羲之一生写过五百多封杂帖，这些写在绢帛之上的简短书信，多言约意丰，语短情长。他推重艺术化的人生，力图使生活艺术化，艺术生活化，诗文风雅，书画遣兴，他的书法翩若惊鸿，他的杂帖又情思摇荡，看似可有可无，因为其中没有非说不可的话，然味道正在其中，艺术家的气质因了社会风尚而得以结晶为第一流的艺术品。到了蒲松龄，惊霜寒雀，抱树无温，就只好人鬼狐妖，聊发异想了。然而，子夜一灯如豆，萧斋冷寂，“寄托如此，亦足悲矣”。仿佛听得见蒲翁落地不散的长叹。

有时候静坐思维，与时光共老，看芭蕉又绿，心境空漠，寐不交睫。偶有浅梦，也必是买芒鞋竹杖，向故乡的千山万山深处，一片蒲团，了此三千大千世界。正所谓“交寡深深怀旧地，变多渐渐悟浮生”。

张恨水先生云：托迹未高飞不起，稗官写到鬓斑时。洵为客居无俚，著述自娱之写照，实堪借以自况。然久而不废者，乃因聊耽著述，藉解牢愁。头颅若许，岁月若驰，真不禁把酒问天，而欲一吐胸中抑塞也。

培根氏云，读史使人明智，也不尽然。试观今之民国史著述，读之越多，则越易迷惘。盖以真相遮蔽已久，而说民国史者，由痴人说梦转为戏说臆想，痼弊深矣，徒饰虚文，无补实际，尚不知将伊于胡底，是以迷惘不得不然耳。

有读者高明以为，笔者之民国史解读或于解会人事，略有涓埃之助。是则以点滴之发现，均来自于第一手资料。举凡顾墨三、刘经扶、熊天翼、陈辞修……直至胡伯玉、邱雨庵、关雨东、戴海鸥，直至部队下级连排长，回忆访谈，俱穷加搜罗，积于今已斐然可观。其间不啻得原始史料之助，也颇饶幽微处的情绪烟云。然而风流云散，思之腹痛；室迩人远，徒怆我心。

爝火之微，何增乎光耀，而有所弗遗者，吴鸿兄及晓亮君之力促，绪论芳徽，洞烛机宜，谬采虚声，推奖逾份。方使我驽马奋驾，贾其余勇，检索支离之作，于汗漫卷帙中，得闲文四部，曰：谈艺、谈史、谈兵、谈美。近年所作晚清流变、幕僚生涯等，为葆其完整性，暂未收入集中。虽覆瓿之物，然亦曾获看官谬奖。安敢不竭所知，用献野人一得之愚。

2011 年初夏

目录

“感士不遇”的联想

岁云暮矣，杂书数卷，淡酒一瓯，块然独坐浮沤堂，忽然忆起《感士不遇赋》来。恍惚间忘掉作者，搜索枯肠，再三不得。查《辞海》《辞源》《文选》俱不得，而《全上古三代秦汉三国六朝文》也一时难见踪影。懊恼中，忽见姜书阁先生之《骈文史论》，略事翻阅，得来全不费工夫。此《不遇赋》乃“老熟人”陶渊明所作，乃检出陶集快读一过，大有孔夫子“有美玉于斯”之慨。

随后在宋人章樵注本《古文苑》中索得董仲舒《士不遇赋》，其忧伤彷徨、进退失据，洋溢字里行间。作者的志行清正与世事的伪诈冲突不下，“末俗以辩诈而期通兮，贞士耿介而自束”。那是一种孤单——众里身单的感觉；那是一种矛盾——梦醒了无路可走；那又是一种彷徨——自家开不出药方。

司马迁的《悲士不遇赋》，即是在董仲舒文章的影响下写成。同样，也是希望以一己之志行感天地、疗世风；然而不然，世道之恶浊总是一以贯之，没有清明的希望，自然也不会有“好的故事”。“穷达易惑”，“美恶难分”，生命是一种错误，“人理显然，相倾夺兮”，人世如此的残酷暴戾，作者并无更好的办法，唯有长喟，感叹生不逢时，结果是顾影自怜。

陶渊明之《感士不遇赋》仰承前二家之文心，更为明确点醒智识者与时代的矛盾。赋序中施以重笔“真风告逝，大伪斯兴”，对上古的怀念乃是对现世的绝望。鲁迅读陶诗《咏荆轲》，即认为陶公并不一味放达散淡，他也冲动刚猛；而此《感士不遇赋》，则更见陶渊明的深情哀悯。悲郁伤绝中，仍寄望“大济苍生”，更且“感哲士之无偶，泪淋浪以洒袂”，这种志士仁人式的胸襟血脉，曲折明灭，直到辛亥时期的智识集团身上，又一次大放光芒。

帝制时代知识分子的遇与不遇，着着关涉自济与兼济天下的人生。禁锢越烈矛盾越深，“不遇”的感喟越重。这条路虽然万分崎岖坎坷，常常是斗折蛇行的羊肠小道，往往会转瞬间不见了踪影，但也不妨苦心略有所谓之时。偶尔，深水蛟龙也会盖过浅池王八。即令不然，尚可“逃禄而归耕”（陶），或“遁迹深山兮登山而采薇”（董）。最苦的是，专制发展到极权时代，社会之正常结构整体崩决，简直就没有遇与不遇的讨论和彷徨的余地。在昔贤所处环境，时代对之是梳子；而极权时代，则一变为篦子。此时，就算“遇”了，也是“梁效”、“石一歌”、“丁学雷”，或者郭老自承的“诗多好的少”。心灵扭曲如麻花，甚至根本没有心，只是一堆肉，跟知识分子本色的区别就是死人和活人的差距了。凤凰已散，苍蝇乱飞，那就该作《感士形若槁木心如死灰赋》了。

清诗切片

人类的生命成毁相因，人人都想在有限的时间里增加脉搏的次数。但在一反常的社会结构之中，构成生命无数刹那的本身，却充斥着难以言说的痛苦，正直无辜者不可挽救地失败；另一面却是罪恶的胜利以及机运的恶作剧。人生可怕的方面，毫不留情地衍生蔓延。明人薛论道那种痛极了的感慨令人有寡妇夜哭、旅人寒起的透心凉意。他的散曲往往把冲天的壮怀和宿命的悲叹结合一体，这就益见其痛。他的《北中吕·朝天子不平》尤可借来表达清末中下层民间的苦痛：

清廉的命穷，贪图的运通，方正的行不动。眼前车马闹轰轰，几曾见真梁栋？得意鸥鸮，失时鸾凤，大家挨胡撕弄。认不得蚓龙，辨不出紫红，说起来人心恸。

晚清的预备立宪，正不必用一叶落而知天下秋来形容，因为年复一年，春天的气息从来没有袭人的绿意，有之，不过迂儒的想象罢了。缺陷极多的制度却养活着一群寄生虫，一切寄生虫的本质是绝对不会杀死养活他们的制度。这是一种以积贫积弱换取统治集团稳定的戕害人性的社会制度。那些所谓“圣人意”的东西，乃是一种吞噬历史似是而非的词语黑洞，历代知识阶层所持有的民主政治的因子，也因此荡然无存。故党人的鼓吹、起义、暗杀三方面的运作，意在求证，乌托邦虽然不会在俗世找到，但较为合理、公正、自由的社会却有可能出现。

读清人的诗，情感的负载尤其沉重。出门如有碍，忧伤层出，集成袅袅不尽的浩叹，弥漫空间，浓雾般不肯散去。

清诗实在是长在理想与严酷现实缝隙里的娇花，虽说另有一番芳美，然观其气色，仿佛总是濒于凋零陨落，正可认识专制时代的暴虐对人心的摧残。

从清初至清末，我们看到的皆是柔弱哀切的娇花，听到的是泠泠自语的伤逝之音。倘若说，晚唐绝句是以伤感为基调，则清诗感伤更深一层，是哀音自诉的凄厉。凄厉之所以要比伤感更深一层，乃是困厄更为深重，其苦恼亦愈加痛烈的缘故，是梦醒了无路可走的彷徨，是理想幻灭后精神上失却家园的徘徊。花开本是生机勃勃，绚烂于春的象征；但官至礼部尚书的诗人叶方蔼却怕花开，而喜花残，“漫防酒醉先防醒，不怕花残却怕花开”，这是多么反常的审美心理啊！

至痛，至极，至悲，至枯，乃清诗的一般感喟。“世事粗谙身已老，古音方奏客难听。”（顾炎武）“功名傀儡场中物，妻子骷髅队里人。”（蒋超）“聪明得福人间少，侥幸成名史上多。”（袁枚）“过眼荣枯皆嚼蜡，切身经济是加餐。”（张问陶）

其实，给时间淡化了的历史背景就如切片一样活在这些悲叹之中。清代的科举将知识分子精神终生桎梏在八股里面，文字之狱也前所未有地盛行。所谓“人在家中坐，祸从天上来”，说的就是《大清律》施行的严酷的民族压迫，精神自由发展的渠道完全被堵塞了，审美心态未曾获得哪怕一方微小的途径，终于造成这凄厉的诗句。鲁迅先生说《红楼梦》创作的情形，是“悲凉之雾，遍被华林”，也仿佛是对清诗的情形而言。

法国文豪巴克扎克的中篇小说《奥诺丽纳》中写奥太佛伯爵书房里摆满了花草，“他总是拣枯萎的买来，也许是象征自己的命运。”这也最像清诗人的心态，“心如莲子常含苦，愁似春蚕未断丝”（黄仲则）,试较之粉饰太平的《御制诗文十全集》中“时和岁美诚堪庆，只觉惕然饶畅然”，二者的价值相去简直不可以道里计。浸透在困厄与辛酸中的诗人是特别能看清所谓盛时清世的。即如龚自珍，亦狂亦侠也好，剑态箫心也好，他最终要倚靠在“吟罢江山气不灵”的凄然欲绝的氤氲里。

那苍凉凄楚的文字后面，是漫漫专制长河流向衰亡前期的征兆，也使我们在凄艳的摇曳中见到真正有价值的文艺，对于人生有着极强的爱慕和执著的不愿堕落的苦闷，严肃而又沉痛的文艺。

晚清社会，世事益繁，其所演之悲惨残酷，更有甚于昔日。人民备受戮辱，而力不敢较，暂复隐忍；然蓄之愈久，爆发愈烈。“农人告余以春及，将有事于西畴”使专制为原动力，其所激起之逆动力，洵将另有“大事”矣！

端方和他的时代

1910年1月1日，这一天很平常。郑孝胥在他的海藏楼和高梦旦、诸贞壮、邓实等人聚会，且向朝廷推荐张謇。

这一天，34岁的学者王国维正在校勘钟嗣成的《录鬼簿》；章太炎正在研究中国文化的根源和近代学术的发达之间的关系。蔡元培则远在德国。这一天，汪精卫则在香港，跃跃欲试，订炸弹、写遗书、打腹稿……准备北上干大事。

这一天，距端方丧命的日子1911年11月27日，还有596天。

曾在端方主政两江时为其幕僚的郑孝胥在上海闲居，他的居所，命名海藏楼。

四川保路风潮事起，端方奉命入蜀，邀他这个旧日的幕僚同往，鬼使神差，郑氏竟推辞了。

端方丧命后一周，他在日记中写道："余之造海藏楼，适为避世之地。余居楼中，时爽即起。食不甘味，运思操劳，使余与闻世事，必有过人之处。然余今日所处之地位，于朝廷无所负，于革党无所怵，岂天将留我以为调停之人耶？"（《郑孝胥日记》，第1358页）端方死了，他还活着，自诩中不忘掰乎。联系他后来在20世纪30年代的作为，可知其全无心肝也。

端方率领鄂军前队在资阳，结果后队给前队情报，准备反水，他似乎也浑然不觉。四川党人张培爵派遣田智亮率300人，持炸弹80枚，星夜赶往资阳，准备将其彻底解决。田氏到后，和军中党人接触，议定非杀端方不可。于是剪发辫、废肩章、喝血酒、缠白布于袖以表决心。有怕事的协统、标统两人缒城出走。到了夜间，端方已经晓得哗变的消息，和他的弟弟端锦抱头哭泣。

这时候幕僚尚劝他立即换服逃走。假如此时他按此行事，尚有活命的可能。谁知他鬼迷心窍，以为他总算有恩于部队的人，不至失控。到了十月初七，也就是新历的11月27日，众军士将他兄弟俩从坐帐中拉到天后宫行辕。“众曰，此私恩耳。今日之事，乃国仇，不得顾私恩，遂挥刀刺之。”（邹鲁 :《中国国民党史稿》）

至于《孙中山年谱长编》则说陈镇藩（三十一标一营督队官）自任大汉国民革命军统领，在资阳天后宫杀灭钦差大臣端方，“恪遵中山先生使命，抱定革命宗旨，打倒专制淫威，达到排满目的。”这里说的时间则是22日（十月初二）。

杀死端方后，将其头颅贮藏在铁盒子内，以桐油浸泡之，献给蜀军政府。

端方假如有未卜先知的能力，那他或当退一步海阔天空，灌园抱瓮，息影林下，那又有何遗憾？但他鬼使神差，一步步向死路上迎头而去。

他是做过郎中道员、按察使，直至巡抚、总督的人，因处事不慎而丢官。当他技痒难耐，又花几十万辆银子，拿到督办川汉粤铁路的肥缺，已经是保路运动烈火蔓延之际。

他9月初起程，取道武昌、夔州府、重庆一线去成都。10月13

日到达重庆，11 月 13 日到达资阳。他所率领的部队，从步兵十六协抽调，共四个营。

端方的死，直接源于四川保路风潮。保路运动的特征是团体多、地方广、人气旺。民营的铁路被收归国有，朝廷与民争利，且出卖与外人,从中又抽取回扣,政府大张巧取豪夺之帜。这个政策的出台，又直接生发于盛宣怀。5 月份，清廷听从邮传部大臣盛宣怀的主意，下决心将四川、湖北、广东铁路收归国有，以端方为川汉粤铁路督办。如此一来，向欧美借款就名正言顺。说收就收，此前四川民众投入的股本一分不退。本来农民的血汗钱，有的卖儿卖女投入管督商办的铁路修筑，现在血本无归，生计茫茫，那就只有自杀或拼命一途了。

也有人撰文说，保路运动斩杀清廷开明派大臣端方是个遗憾。“杀死端方毫无必要”这种心态固然有其道理，但分析起来则觉事亦不尽然；盖因兵变是一种瞬间高烧，等到阁下下药，药力渗透，事情已然成为事实。

端方的悲剧，直接受创于兵变；而兵变作为一种病变，那就要直接溯源于清朝腐朽的统治，那种一条道走到黑的一意孤行。不论端方怎样开明（实际上也开明不到哪里去，真正的开明派已被淘汰消灭掉了，修理干净了），他仍然服务于那个集团。本着权责对等之原理，他也算死得其所。

兵变是不讲道理的，没有理路可寻，没有道理好讲，没有理性可言。端方本人也怨不得哗变的官兵——北京人常说的早干吗去了？压力锅鼓胀到极点，訇然一声，时候一到，一笔勾销。想坐时光车倒回去重新来过，悔之晚矣，没那回事。

辛亥革命前十年间的兵变、民变大大小小有多少桩？那须以十万为单位来计算！种因就在顽固集团的一意孤行。端方的悲剧，根子还在变态的老太婆慈禧太后那里。“为什么说杀死端方毫无必要？”这话等于没有说。“杀死他不会增添任何荣誉”，更是迂阔之论。

顽固集团不能自我演变，就是端方本人，也根本没有走向自救的途径。清王朝不上轨道的统治本质和现实决定它亡于民众造反。若非中山先生那一批温良的知识分子赢得知识界的拥戴，若是纯粹的民变、兵变凝聚引爆蔓延，势将演变成洪天王式的暴动，那将世界大乱，玉石俱焚，流血漂杵，死人如麻，那就成百上千的端方的脑袋都要落地，佛也救不得了。

端方一生看似平静，只在资阳遇到了突发事件而丧命，其实不然。当20世纪初的后期，死神多次来叩端方之门。他屡遇死神擦肩而过，可谓惊险万状。这一次他的丧命，看似偶然，实则在冥冥之中，自有其一步步走向地狱的轨迹。

早在1905年五大臣出访之际，端方就险些丧命。五大臣者：镇国公载泽、户部侍郎戴鸿慈、兵部侍郎徐世昌、湖南巡抚端方、商部右丞绍英。1905年9月24日（农历七月二十六日），五大臣自正阳门车站登车。革命党人吴樾化装为仆从。他为了贴近五大臣，“提衣包欲登花车，为卫兵所阻。适因接驳车辆，车身猛退，而所携之炸弹，撞针受震，未及抛掷，轰然一声，血花铁片，飞溅人丛，烈士已肠穿肢断，面目模糊，尽其党人最后之义务矣。惜乎所谓清之五大臣者，受伤而未死。”（《辛亥人物碑传集》，第95页）此次爆炸，当场炸死三人。载泽、徐世昌略受轻伤，绍英伤势较重。戴鸿慈因有仆人王是春在前遮挡，仅受轻伤，但顶戴花翎皆被削去。血雨硝烟，迷蒙燕市，烈士殉国之际，年仅二十六岁。

1910 年的春天，汪精卫在暗杀载沣之前，原来圈定的第一对象，正是端方；后来为了制造更大影响，才改杀载沣。端方遂逃过一劫。

再说对待四川保路风潮的态度。护理总督王人文奏请议处盛宣怀，措辞严厉，为民生着想。他最后丢了乌纱，隐居上海，又活了几十年，与世无争，得以善终。

端方，偏巧该他入川，结果惹出大是非来。回到他身上，又属典型的是非只为强出头。强出头的结果当然不妙。

端方既非干城之选，亦非顽固圈中心腹之人，但其开明也未能直接施惠于民间或党人。他强出头的结果，是两头不靠，结果两头不讨好。

处理四川风潮的结果，是王人文去职，赵尔丰上位。

端方入川之际，正值赵尔丰当政。两人都看好总督的位子，一个守，一个攻。端方把保路风潮的责任算在赵氏头上。“川中罢市、罢课，不戕官吏，不劫仓库。绝非逆党勾结为乱……人人冒雨奔城下求情，又为官兵开枪击毙者约数十人。众情乃大愤。自保商榷书，并无独立字样，并无保路同志会及股东会图记。其中且有皇基万世语。”

为夺得要津，端方为民众所做开脱，尚属实情。其对民间颇能理解；对皇朝来说，则属于典型的第二种忠诚。

赵尔丰也没有闲着，他也上书数落端方。他指摘端方并不直接从陕西入川，反而跑到重庆去做迂回，成都周边的土匪蜂起，等他来剿，他又不来。四川的保路风潮要怪就怪端方好了，“川事为之一误再误，不可收拾。端方到省之日，即将为川人独立之时。”这样，大员之间的火拼已经到了上纲上线的地步，且无限上纲，足以致命。

端方到重庆时，其寓所大门被人乘夜贴纸书对联一副：“端要死在江南馆，方好抬出通远门。”藏其名于上下联之首，江南馆乃城中奢华之地，而通远门外则为丛葬之所。联语透着威胁，词为不祥之兆。

在此之前，端方入川，将过涪陵。这时重庆同盟会机关部就准备将其干掉，并劫持军火。其事由谢持主持，惜未成功。也就是说，他在资阳授首是延后，本来已可能提前丧命的。

端方船抵重庆，鄂军官兵接近会党者，又拟乘端方登岸时将其击毙，宣布起义。陈镇藩以为技术上有不妥之处，方才延后。这一路上，端方是杀机重重。端方率军过重庆的时候，正值党人力量大增之际。他们在民间积极运作，正准备和清政府大举摊牌。党人骨干分任交通、炸弹、军火、联络、财政诸方面。就是他自己带来的部队，也潜伏很多党人在其间，在重庆新募一部分新兵，也充溢排满的观念。

《清史稿》说他“至资州，所部鄂军皆变，军官刘怡凤率众入室，语不逊，端方以不屈遇害”。实则他很想活下去，他的活命意识强烈得很。端方是满洲正白旗人，姓托忒克氏。不过临死前他一再向部队表明，他本是汉人，曾祖辈才投旗，变成了汉军旗人，原先他姓陶，所以他号匋斋。也许他已有预感，他早已印好的名刺上明明白白写着他的名字就是陶方。

这个时候来这一套，那就噬脐莫及了。尽管端方在后来的某些学人看来也属开明，且态度不属于极恶，但他此时仍然手持重器，即国家机器最锋利的一端。向他索命的人至少想到了一个历史问题，那就是徐锡麟的惨死。1907 年，端方直接指挥杀害徐锡麟。7 月初，清廷侦探在上海捕获党人叶仰高，端方派员酷刑讯审，得知打入官场之党人名单。锡麟知事已迫，乃决计刺杀恩铭，以求一逞。徐先生被捕获后，端方率先给安徽地方首长冯煦一通电文，要他速将锡麟斩首。冯煦是江苏出身的江南才子，他不愿对锡麟下此毒手，但也没有办法。恩铭家属申请将锡麟挖心剖肝，炒食以祭祀恩铭，端方也予以批准。恩铭之妻妾亲自参与剜出烈士心脏以祭其夫。后来孙中山先生有一联哀悼烈士："丹心一点祭余肉，白骨三年死后香。"

至于端方之死的最终原因，还得推至如假包换的专制魔王慈禧太后那里。老太婆四面树敌，罗织罪名的把戏耍了几十年，不但把老百姓整得九死一生，也把社会生态整得五痨七伤。江山易改禀性难移，帝王专制决定了它，极端主义决定了它，崇尚暴力的天性决定了它。不到处树敌、不折腾出阶段性主题，这个体系其实很难维持。人们活着与牲口无异，甚至相较有不如之处，内中饱含的辛酸不言而喻。至于宪政的设计，人们发现只是等待过多的游戏而已。

端方一生嗜好金石书画，着力搜集收藏青铜器、刻石、玺印诸般文物。《清史稿》说他"性通侻，不拘小节。笃嗜金石书画，尤好客，建节江、鄂，燕集无虚日，一时文采几上希毕、阮云"。这其中也有他意气用事的一面。《杶庐所闻录》谈到，光绪初年，翁同龢、汪鸣銮好碑板，张之洞好目录，薛福成、王先谦好掌故……善耆、溥伦好弹唱，那洞一意媚洋，好与西人往还……至于端方，他则好金石。端方本纨绔无赖，在做工部郎中时，与盛昱、王懿荣同出差，旅舍无聊，纵谈碑板。端方亦发言夸夸其谈。王懿荣当场大怒，说，你小子就知道搞女人玩演员，吃酒搓麻！你配谈啥金石呢？端方拍案大骂，声称三年后见。他回京后，到琉璃厂多方搜求，复与名家讨论，他的钱又多，巧取豪夺，俨然大鉴赏家。他之爱好金石，与其他满官之爱好鼻烟壶无异，以此表示他的豪奢，并非真有学问心得。

出差途中就和同僚大肆吵架，赌气延续很长时间，可见他也是一个容易较真的人。

但杜保祺的《健庐随笔》记一事，也约略可窥端方之幽默趣味。说是端午桥（端方）有满洲才子之称，行事滑稽。他在两江总督任上，底下的官吏营私舞弊，吃酒搓麻，不亦乐乎。他给他们陈述麻将的危害，那些人阳奉阴违，听不进去。也有附和他要求进步的，一个官就来找他，说是赞同首长的意见，麻将的确祸国殃民，而且他不懂此道，深恶痛绝。端方假装赞扬他，顺口问道，我听说麻将各项都是四张，白板却有五张，这是怎么一回事呢？那人当即说道，哪里啊，白板也是四张，没错的。端方马上把脸板起，说，原来是这样，想来你就是麻将老手了！那人情知上当，赧然而退。

这里虽不难窥见他的幽默趣味之一端，但端方并不具有大聪明，至少他不知转圜。还是官迷心窍，有人辞官不敢做，有人日夜赶科场。迷醉于做大官的端方，始终不甘落败。他居然不惜在火焰山上跳舞，试图蒙混过关，在剧变时代的夹缝里，哪有那么便宜的事呢？

1905 年，五大臣出洋，实际名称是考察政治，而非考察宪政，因西太后恶闻宪政之名，故曰考察政治，其掩耳盗铃，一至于此。

这年 7 月中旬，清廷以软禁中的光绪名义，给内阁发了一道上谕："兹特简派载泽、戴鸿慈、徐世昌、端方等随带人员，分赴东西洋各国，考求一切政治，以期择善而从。"

因吴樾事件，再次出访分两路，日期、路线对外界保密。戴鸿慈、端方一路，载泽、尚其亨、李盛铎一路。

熊希龄跟随的是端方一路。熊希龄是谭嗣同南学会的成员，变法失败后居住湖南。1905 年五大臣出洋，他作为随员，专任端方的参赞。五大臣怕考察不好交代，就叫熊希龄推荐宪政专家，熊氏一口咬定杨度。杨度写了《实施宪政的程序》《中国宪政大纲应吸收东西各国之所长》两文，把工程的一大部分发包给梁启超。梁氏写《东西各国宪政之比较》，五大臣回国后乃将此三文作为奏折上交慈禧太后。

考察政治的大臣回国后，一时间舆论界莫不希望尽快立宪。袁世凯将张一麟找去，叫他草拟预备立宪各款各条。张一麟退下后，召集同事金邦平、黎渊、李士伟诸君，就救时、政治、法律等方面撰成草案。后来，张一麟见到缮写完毕的北洋与考察宪政大臣联合奏请预备立宪稿本，就是他们几位的草案，没有改动一个字。自从预备立宪的奏稿送上去以后，编纂官制入手，舆论界的意见很大，引起轩然大波。北京的一般官僚阶层都认为北洋系统权力过重，纷纷上书要求加以削弱。

官制的编纂最初由袁世凯和端方发起，后来设了一个宪政编查馆于北京。因为反对的人多，所以北洋新军的六镇只留了两个镇由北洋管辖，削减了他们的兵权，在天津设立一个审判庭，为司法独立的先声，并设置议事会和董事会作为地方自治的基础。

清廷的法子是推宕、延迟、预备，或者予以名义，随便改个官制，就叫做宪政。等来等去，看不到尽头。俟河之清有日，奈人寿其无多。生命经不起消耗。

可以想见，他们是不是真的要实行宪政。鉴于在清廷独裁暴政和谎言所维系的中国社会，矛盾空前尖锐，他们的这种假改革真拖延恐怕还拖到下一代就会归寝史籍了。“立宪之事，既如是繁重，而程度之能及与否，又在难必之数，则不能不多留时日，为预备之地矣”。这一假立宪，换来了真革命。

志士们无论需要经历多少艰难险阻，决战暴政的意志绝不改变。他们坚信：暴政必败，自由必胜。清廷逆天而行，已走向穷途末路，而且正在自掘坟墓。经过同盟会椽笔批判的清廷，面临着建政二百六十多年来最深刻的合法性危机。

慈禧太后生前，试图用高压来维持自己的权力。她在危机迫近时节表态——这是她的惯用手法：用变法来提高自己的人望，获取人望之后，马上向后转。

刘成禺《世载堂杂忆》载“端方自欧美返，常与人曰：欧美立宪真是军民一体，毫无隔阂，无论君主、大总统，报馆访士，皆可随时照相，真法制精神也。中国宜师其意。”他的这些言论，清廷赏给他的，却是“大不敬”的不轻的罪名。

端方两头不讨好，他既能看到美利坚的真精神之所在，却又给留美生冠以乱党的罪名。

戊戌变法之后，顽固大臣旗鼓大张，自称后党。端方游离此派之外。

当然顽固派后来也将立宪挂在嘴边，以致今日某些学人以为要重新评价，以为其中大有玄机。其实这是个美丽的误会。盖以庚子年义和团大起，八国联军侵入北京，事后要惩办罪魁。顽固大臣看到有机可乘，乃一改前行，群言立宪，用以谄媚外人，实施瞒和骗。预备立宪成为时尚，究其实质，不过是由排外到媚外的转变而已。

何以谓当时端方之死为必然呢？晚清以来，对话的渠道早已堵死，可以对话的对象又早已被实施了肉体消灭，民众的对立情绪遂益形紧张、尖锐。

端方就在这样的火药桶上蹿来蹿去。他虽没有大举开火杀人，也即他没有拿着洋火四面点火，但毕竟他是手持火柴，走在到处散落的火药之上。1910 年 1 月 1 日的这一天，端方还在忙着花大价钱重新上位，不久他就如愿以偿。596 天后，他以为安全的利器终于擦枪走火，他也就死于非命了。至今想象他晃晃悠悠、逍遥入川的情形，都不免要为之捏一把汗，甚至心急如焚、绷着神经；而他本人似乎懵懵懂懂，所以他也就在劫难逃了。

逃，还是不逃

——关于瑞澂的一点感想

武昌起义期间，关于瑞澂的逃逸，近日在四川出版的《看历史》杂志（2010年6月），看到一则新异的文论《瑞澂之走》，作者张鸣先生写道：“此时的瑞澂，如果能够镇定一点，亲自率军抵抗，群龙无首的暴动者能否成功，实在是未定之数，哪怕他学叶名琛，来个不死、不降、不走，结局也许会有点不一样，至少，统制张彪的抵抗，会更卖力一点。起义的亲历者曹亚伯说：瑞澂若不走，督府之教练队必不退……起义成败还真难说。”

此说甚是迂阔，瑞澂身处火线，他凭直觉赶紧逃跑，还算聪明；胆敢留下，他的结局一定不妙，一定是和他的前任端方一样，死于非命。盖此场起义带有士兵哗变性质，在这样的场合，具有相当的非理性。起义的士兵处于慌张之中，其心理必为一不做二不休所占据，二十四小时之内彭、刘、杨三烈士的人头还在他们眼前晃着，这是一个可怕的暗示，焦点是你死我活。所以若是捉到瑞澂，不可能留下他这个祸害和凶手，所以今之论师，大可以设想瑞澂不降、不走，然而不死，就由不得他也，也即不可能给他留下反扑的机会。在那极度的紧张时分，告饶、下跪都不太好使。端方的求饶可谓诚恳、可怜，甚至挟着椎心之痛，怎么样呢？照样小命不保。张任民先生《我参加辛亥武昌起义忆述》，回忆他以陆军中学学生资格参与起义，亲眼见到不容分辩的肉体消灭。他说：“当时局势剧变，人性横决，且因属民族革命，所用口号，乃‘兴汉灭满’四字，故在那三几天内，武昌城内外无辜被杀戮者，不下千数百人。”更可为明证和佐证。

至于曹亚伯的言论，亏他还是参加者，他的头脑是糊涂的，结论是荒谬的。当时的清军军官，能跑的都跑了。事实是，当南湖炮队入城，楚望台、蛇山等处的炮击开始以后，战局出现转机。新军各标营更多的士兵起义响应，营以上军官见势不妙，为着保命，大多溜之乎也。至于曹亚伯本人的事后回忆，辛亥老人吴醒汉尝予以痛斥。他认为，武昌首义三日内情形，真正知道的人并不多，所以事后二十来年时间，写回忆录的，写演义的，大多含含糊糊，甚至落笔茫无根据。尤其是曹亚伯颠倒是非，最为可憎，他写道：“曹亚伯所编之《武昌革命真史》，荒谬绝伦，虽经中央明令禁止发行，然亦不无影响。其一：本人既非身与其事，又未与湖北首义同志商量，受私人金钱之利用，将投机官僚所载之文告新闻，认为真史。其二：把工程营全营官兵名册，列作首义人名单，真正首义同志，一概抹杀。其三：把工程营发难时反抗革命被杀之督队官阮荣发，侵吞军饷被枪决之方定国均列在首义名册内……”至于曹亚伯所推崇备至的吴兆麟，当时是在看守军械局，当工程营打到这里时，他骇得要死。吴醒汉率队到达楚望台，他还想逃走，“余推开兵士向吴（兆麟）等喊话，吴呆若木鸡，不能言语……将携带手枪及身著军服，概交给与我。其惊骇之状，可想而知。经余再三解说，并派兵保护，始稍心安”。而吴兆麟所得革命报酬，远过于他所付出的微劳。吴醒汉等认为曹氏种种荒谬记述，“把辛亥首义真正同志，污辱殆尽……曹之颠倒是非，丧绝天良，可谓至极矣。”（《中国近代史资料丛刊》）

何必冒死以谏

现代民主国的政体与帝制时代的政体形成极大的对立反差。以美国为例，其宪法高于一切，目的在于保安宁树正义，促进普遍福祉和全民自由。它规定立法权属于两院制组成的国会；行政权属于合众国总统；司法权属于最高法院及国会得以随时设立的各种低级法院。国会不特有立法权，也有审议权，其对总统、各行政部门、大企业集团之政策、计划，有权加以审议，有权认可、修改或拒绝。其更有调查权，可根据需要举行各种听证会。若被传讯者拒绝出席或拒绝作证，司法部门即可以藐视国会罪提出刑事诉讼。譬如在世纪之交的美国大选，僵局发生后，国会议员一部分即根据民主党基层选民之性质，在1月6日国会确认布什当选的仪式中，十几位黑人议员即退席以示抗议。又若克林顿执政期间，克先生搞了回办公室恋情，为调查其与白宫女实习生莱温斯基的暧昧两性关系，独立检察官耗资五千万美元，向国会提交36箱调查报告。国会遂启动了对总统的弹劾程序。小克一时“性”起，“乱搞男女关系”，差点“脱不了爪爪”，被美国的人民和媒体搞了个灰头土脸，这一哄传世界的大事，可证一方面总统权力极大，一方面他又可说处处都受掣肘。如此则上下渠道疏浚有方，一切专权强横皆不可行。

中国古时的帝制时代，谏官或大臣中，自然也不乏敢言之士，"太后不肯，大臣强谏"（《战国策·赵策》）却又远无规模及体制效应，有时更需冒死以谏，譬如东方朔说，"臣朔昧死再拜以闻"，"粪土愚臣，忘生触死，逆圣意，犯隆指，罪当万死，愿陈泰阶六符……"（《全汉文》，卷二十五），即冒杀头之危险而进言，有无效果还在悬念之中。中国古代弹劾官员、辨明冤枉的御史台、台院、谏官，说是对皇帝直接负责，也能纠察贪渎、检举奸邪，但必须以皇帝个人好恶、性格、智力、心情为最后拍板的归依。而帝王性格的另一特点是顽固地自大，以为没有他解决不了的问题，他的身心细故都可能影响大局，故谏官的作用就要大打折扣了。很多敢言之士说是"昧死"，遇到帝王的强横与非理性发作，有时真的因为进谏而丢掉性命，那样残酷的事实也太多了。所以在专制时代，没有言论自由，冒死以谏，作用极微，生命也在血花笼罩之中。

“降龙伏虎”

四卷本的明版善本书《南北朝新语》载韦孝贞事迹：

隋文帝时，韦孝贞迁蒙州刺史。不复留意文笔。人问其政，慨然叹曰：五十之年，倏焉已过，鬓垂素发，筋力已衰，宦意文情，一时都尽。然每暇日，辄引宾客，弦歌对酒，终日为欢。

不难看出作者撰述之际，笔笔推仰、口角余香的神情。俗话说干一行怨一行，乃现实有激使然。若韦刺史者，可谓善于转圜者也。世路多歧，能以豪爽的态度转换苦闷的人，须得物质环境及性格材质两方面的许可。有人生涯萧条，寒窗终老，固难如此计议。有人却又疾病来缠，琐事相纠，虽有觉悟，要皆不能“终日为欢”。

人类之生于地球是一种偶然，而他为了生存而做的种种努力却是必然。时代的罡风鼓荡劲吹着，谁都难以在其中讨个逍遥。劫运之所以为劫，乃因其不可逃逸。“抚孤松而盘桓，门虽设而常关”，也是说易行难，心向往之，实不能至。明代的文化班头王士祯在扬州做官，“昼了公事，夜接词人”，提倡风雅歌唱闲适，平山堂下就是他的载歌高会之地。在故纸上做一番凝视，令人颇有些想头！时间离现代越近，不堪回首的恶情俗趣似也越多。压力之日益浓厚，也毋庸讳言。精神和实际的挤压颇有点使人顶不住，郁达夫说的“能挨冻饿，硬着头皮挺死”是他一生的梦魇。实际上呢，就连与他同时期民国的“国之大老”，也同样在现实和精神的煎迫中过日子，退老而不能闲余，最后唯觉岁月的讨厌。比起韦孝贞这样的古人来更有一番辗转难释而又百虑皆空的心头滋味。

方民国肇建，海内才智有志之士，一时颇汇集政帷之列。以文人学者身份而从政者，鲜有不沉溺政潮、颓然以终者，投老之年，即求晨夕把卷、追述掌故，有其心而不获其境。梁启超晚年不复作政论，专以著述解惑为业，应聘为清华研究院导师，有终焉之志。方三年余，旧病侵寻，日卧药炉茶烟之中，未几卒于北京医院。陈畏垒涵养大、愿力宏，为一代政论斫轮名手，奈何遇人不淑，晚年忧患漠漠，竟至灯尽油枯，赍志以没，可堪浩叹。曾任清华大学校长的罗家伦，晚年为脑疾、肺炎、血管硬化症折磨，回天乏术，不治弃世。曾任教育部次长的名作家刘大白，以五十二岁上逝世，其时已为肺炎噬体多年，逝前自信尚可活十年，即喜购书归，从事著述如故，离死前数日，犹未尝一日释卷耳。天不假年，言之不胜伤悼。胡适晚年更是忙碌到无有宁日，与会，讲学，飞来飞去，不可开交。1959 年 7 月，尚接受夏威夷大学人文学荣誉博士学位，为他一生所受到的三十五个荣誉学位的最后一个，1962 年 2 月以心脏病突发死在讲台之上。这些学人大老可以说是一误再误，以劳碌苦闷终其身。虽然“筋力已衰”，却未能“弦歌对酒”。

与韦素贞情形略似的，只有那大名鼎鼎的王云五，他九十二年的生命中，正值澜卷云翻的非常时代。他领导商务印书馆，出书量多质精，为全国之冠。他当二十三岁的时候以一席议论，获中山先生激赏，邀其担任临时大总统府秘书，晚年谢政，顾问商务，赏味书画，寄情盆栽，其乐融融；不矫情，不恋栈，始终不脱书生本色，自谓一生如绚丽的壮游，壮游止而遗爱存，洵非虚言。

博物学大师达尔文以为只要是生物就会暴露在剧烈的生存竞争之下。所以像古人韦孝贞那样有力量能以瞬息将归于幻灭的生命，化作可以形诸感觉的数点蜜汁，祛除生命的烦恼，恐怕也很符合佛家“降龙伏虎”妙喻的象征罢。

可怜的《李秀成供状》

虽然读书未能，而李秀成本质上是个书呆子。权位的金字塔下，众士熙熙，群雄攘攘，你争我夺，你死我活，对他来说，他的本质他的先天所予，是学不来的，而且也甚反感。

洪天王生长的地方，古称蛮荒之域，南粤之间，古代固有文化的抵抗力薄弱。一个人的固执暴虐可以到如此极限，决不肯自己改变一根毫毛，恐为历史上绝大之特殊模型。他业已造成一个人间地狱，而其自身则居于地狱中森严的天堂。

卧榻之侧，岂容他人酣睡？杨秀清、韦昌辉、石达开……也不是善茬儿，满腔僭主心态，一意抢班夺权，或大开杀戒，或携重兵一走了之。这些人深知权力充分的优越性，支配别人的意愿、智能均非平凡，但自立崖岸，不愿迁就。

相较于他的主子洪秀全，又较之他的上级或同僚，这些人又都是人精，桀骜不驯的诈徒。天王擅长亘古少见的自欺欺人，将黄金时代的出现预约给所有人，对毁灭的到来，他充满觳觫恐惧。而于秀成，惯以毫无弹性的死气和无赖气弥漫的充满要挟的语言役使之。他的起事本有社会基础，但他消灭了这种基础，更造成了新的深重的苦难。社会元气折隳殆尽，这又是他灭亡的基础。李秀成屈从和退让，逢君之恶，天王才更加一意孤行，为所欲为，并超常发挥他的气急败坏、暴怒失态。

民初扪虱谈虎客说："（秀成）智勇、义侠，比诸曾、胡，毫无愧色。使更加以学问，真卓然为19世纪代表中国之一人物。秀成之气度……事事暗合国际法……"甚是。秀成有古大臣之风，他是古人；他甚至有现代意识暗合国际法，他是现代人。他不应该是天王肆意拨弄的"那个时代"的人，但他恰恰是。此为悲剧中之悲剧。

使秀成读书，增学术而养气，即他起初改造了，或半途改良了，那他也不是他了。那他就变成彭玉麟、罗泽南了……但其也决不会为天王所役使，无疑也；当然也就不会有太平天国后期的荒唐演出，也无疑也。又假如他有十分之一的石达开性格的因子，那他闹出的事端，不知还要大多少倍。

未能读书，未能多读书，而行为暗合人类共同美德，始终守持之，心地纯善，守持他所认可的道德底线。正像他的供状一样，词气朴拙，读之令人一掬伤怀之泪。其中，见得一个罕、一个憾、一个惨字；罕是秀成的老实诚朴实属罕见，憾是可惜了这样一个伟岸的人物，惨是秀成结局的悲凉……天国末期，秀成怨天尤人达于极点，贯穿小媳妇心态，愚忠可以到如此难以忍耐的极限，也可谓历史仅见。对他人的忍让，无论是对上、对下、对无助小民难民、对友、对同僚，俱一视同仁。他被俘后没有"我自横刀向天笑，去留肝胆两昆仑"的英雄豪气，并不是他的晚节不保，也不是贪生怕死，只在字里行间看见恂恂自守的善良！只见他的无援的孤单，汹涌而来，在无边的黑暗中，独撑大厦，逐渐消解，最后坍塌。

天国专制，甚至出以儿戏般的想象，毫无弹性毫无商量余地地强力摧残个性，秀成个人自由独立的精神、创造的精神，遂由梁柱简化为薄片再虚化为影子，随狂澜以去。

看唐代姚汝能写的《安禄山事迹》，同是能征惯战的大将，唐玄宗对安禄山的恩宠甚至超过了太子，到了无以复加的离奇地步，纯粹是纵容抬举，奢侈福禄超乎寻常想象，临了禄山偏要做拆台的主角；而李秀成时时套在天王的紧箍咒里面，动辄加以叱骂，还要他纵横驰骋，忍气吞声消耗他的愚忠，以独木撑大厦，最后为之殉葬。两人同样起自军队下级之微末，起初俱不过侦察兵排长一类角色，不数年以其赫赫战功、天才谋略升至大军总指挥。而禄山逐渐骄纵恣睢，他的父亲及家族成员都得以实授地方长官，所获物质利益甚至牵动到国家财政；秀成始终谦抑克己，老母和亲戚幼小多次被天王无端关押以为人质，一面要征战解围四出补漏，甚者还要砸锅卖铁经营天国基本口粮。安禄山和他比，一个是赛衙内，皇帝当众褒扬至于失态；一个是受气包，屡受呵斥仿佛三孙子。至于唐玄宗，他是盲了心；洪天王呢，则是黑了心。两者相似既如是，结局悬殊又如天渊。

秀成这部叙述，中间的时间概念是有些模糊的。常用“那时”等语来过度几个月、一两年的多次战役行动。但其文开篇之脉络，倒相当的清晰。其于地点，点明自花县至博白等十余县，深山莽林，都是边陲僻野，天王就藏在其中搞事儿；其方法，都是荒诞不经的天父天兄，秀成也感觉其为愚陋可笑；其效果，智者觉其荒唐，而愚氓从之，“读书明白之士子不从，从者俱是农夫、寒苦之家”；至于起因，则是洪氏个人不遂不顺，社会路途阻碍，久为科举所苦，导致精神失常，乃放纵其狭隘经验与鄙陋想象；杨秀清“在家种山烧炭为业，并不知机”，却闹腾最凶，同有病狂热烧之状。又点名其核心，洪、杨、萧、冯、韦、石、秦之属，里面除萧、冯早些年阵亡，其余几个在南京伪朝中尔虞我诈，达于白热化，越抓越痒，越痒越抓，欲罢不能，终至大开杀戒，分崩离析，演出一场战栗血腥的、似乎充满无限乐趣的“动物庄园”故事。对于这样的倾轧，秀成天性排斥、天性无缘。

《李秀成供状》眉批

黎明之时，陈将之寨，即被李将攻破。追陈将之兵，忽冲过于金牛去矣。天色未明，滃露甚大，只闻人声，不知响处，哪知陈玉成尚在李续宾之后，李将追过陈将之前，陈将在李将之后杀出。

（——仿佛身受露水打湿了征衣，绘战争场面如闻如见。刀兵发于浓雾水汽之中，是杀机在朦胧风景掩盖之下。）

南岸和、张两帅之兵又雄，无兵与其见仗，营中所用火药炮子具（俱）无，朝无佐政之将，主又不问国事，一味靠天，军务政务不问，我在天朝实无法处。力守甫（浦）口，后又被见疑，云我有通投清朝之意，天京将我母、妻押当，封江不准我之人马回京。那时李昭寿有信往来，被天王悉到，恐我有变，封我忠王，乐我之心，防我之变，我实不知内中提防我也。

（——实处险局之中，而秀成懵懂不知来自背后的巨大威胁；即隐隐然有所觉，也不知防备。洪氏不问政务，实因智力、神经所限，指望他以正常思维理政纯属妄想。）

我今日人人悉我忠王李秀成之名号，实在我舍散银钱，不计敌军将臣，与我对语，亦有厚待，民间苦难，我亦肯给资，故而外内大小，人人能认我李秀成者，因此之由也。

（——可见其宅心仁厚之一斑，粤乱终未溃散者，实因无出路而逼就，秀成数数言之矣。）

轻骑回京奏主，主又不从，在殿上与主辩白，问主留我镇浦口，则外应救望何人。前军主将陈玉成，在潜太黄宿与楚相敌，不能移动。韦志俊业投清朝。刘官芳、赖文鸿、古隆贤徒有贤名，未能为用……京城四门，俱被和、张两军重围深濠。朝内积谷无多，主又不准我出，谁为外救？与主力辩，当被严责一番，又无明断下诏，不问军情，一味靠天，别无多话。不得已再行强奏，定要出京，主见我无可再留，准我出京，当即将浦口军务交与黄子隆、陈赞明接镇。自浦口动身，到芜湖，三四日之间，浦口城外靠大江边营盘，概行被张帅之军攻破，九洑州亦已失守，此时京城又困，此是五困京城矣。

（——首次公开冲突，实属忍无可忍。字字皆苦语酸语愤语，实因紧箍咒随时收紧。）

六解京围之后，并非主计，实众臣愚忠而对天王。我为其将，随军许久，未乐半时，只有愁烦。

（——未乐半时，闻之悚然。疲于奔命，至难逆转。可悲可怜，愁氛如磐。）

我想将各省府财物米粮、火药炮火俱解回京，待廿四个月之后，再与交战，其兵必无斗战之心。知曾帅大兵来势甚猛，故我不打。

正当议定应欲举行，天王又差官捧诏来催，诏云："三诏追救京城，何不启队发行？尔意欲何为？尔身受重任，而知朕法否？若不遵诏，国法难容。"

诏逼如此，不得不行，是以调抽兵马，起队前来，苏杭之事，概交各将任之，连母亲以及家眷，概交与主为信，表我愚忠。自奉严诏，不能再辞之后，计议抽调各处将兵，择日起马。主逼甚严，我亦无心在世，不过见母六十余岁，育我至大，是以委婉就之。见势如此，亦知不能久图，主不修德，尽我人生一世之愚忠对天。

（——秉性坚贞，出处有节；坦然冰心，秀成可怜。其善后长久之计良堪补救，而洪氏不听。洪氏自毁长城，至以国法相威胁，尤其可笑，国法者，洪氏个人之想法而已。）

那时天王大怒，严责难当，不得已跪下，复行再奏："若不依从，合城性命，定不能保。曾帅得雨花台，绝南城之道，门口不能行走……下关严屯重兵，粮道已绝，京中人心不固，俱是朝官，文者、老者、少者、妇女者甚多，费粮费饷者多，若不依臣所奏，灭绝定矣。"

奏完，天王又严责云："朕奉上帝圣旨，天兄耶苏圣旨下凡，作天下万国独一真主，何惧之有？不用尔奏，政事不由尔理，尔欲出外去，欲在京，任由于尔。朕铁桶江山，尔不扶，有人扶。尔说无兵，朕之天兵，多过于水，何惧曾妖者乎？尔怕死，便是会死，政事不与尔相干。王次兄勇王执掌，幼西王出令，有不遵西王令者，合朝诛之。"

严责如此。那时我在殿前，求天王将刀杀我，免我日后受刑……如此启奏，主万不从，含泪而出朝门，满朝从臣前来善劝。

自此之后，住京一月有余，十四年新正欲出京去。那时王怕我出京，城内人心不稳，朝臣苦留，阖朝弟妹闻我出京，合城男女泪涌呼留，我心自愿，故未敢行。

我今之祸，因主不从我奏，一味蛮为，常称有天所定，不必尔算……

（——每天都在风口浪尖上过活，斧钺加诸前，淫妖断诸后，可怕的四面楚歌，怎一个惨字了得。而天王先天执迷不悟，劣迹斑斑却又毫不示弱，横说竖说，好说歹说，总是噎塞不通；此时迷妄更似走入黑洞，依然以发超级羊痫风为乐，其理政事一如牛二行径、牛二口吻。他是一个“左手不相信右手”的偏执狂。他全不顾民间生计，漠视生命，一意孤行，万劫不复，有似20世纪30年代一独裁者说：“杀一个人是罪犯，杀一百万人是一个数字。”但残酷的现实，也给了他们历史性的嘲讽。如此污糟如此牵掣可堪诅咒的环境，人于秀成，物伤其类，更伤国事，空余热泪洒千行。不用尔奏一节，真千古荒诞奇文。难怪秀成听完，求天王以刀杀他，盖神经受此谵言妄语打击，意识、内心痛楚有如撕裂。）

后苏兵带洋兵攻打乍浦、平湖、嘉善，三处失守。苏州太仓、昆山、吴江等处，俱被李抚台打破……印子山营，又被九帅攻破，主更不准我行。苏杭各将告急，日日飞文前来，不得已又启奏我主。主及朝臣要我助饷银十万，方准我行，后不得已，将合家首饰，以及银两交十万。

我主限我下苏杭四十日回头，银不足交，过期不回者，依国法而行。我见下路势急，亦愿遵从，总想得出京门，再行别计。

去未久，高桥门又被九帅攻破……

后亲引军由阊门到马塘桥，欲由外制，暂保省城。将兵屯扎马塘桥，意欲回京奏谏，请主他行，不守京都。

（——天王装疯卖傻或真疯真傻，总是以欺侮老实人为擅长，在诈徒面前就不大行得通。秀成良知、人性始终充溢，始终苦撑。对农民被迫充当炮灰而抱以深深的同情。他多次建议不守南京，此时仍在做最后突围的努力。洪天王者，千古草包也。上上策不听，中策不听，下策又充耳不听，那就只好等着死亡通知书了。）

再陈京中坏政败亡之故。自此之下，国业将亡，天王万不由人说。我自在天王殿下与主面辩一切国事之后，天王深为疑忌，京中政事，俱交其兄洪仁达提理。各处要紧城门要隘之处，概是洪姓发人巡查管掌。

我在京并未任阖城之事。主任我专，政不能坏。我在京实因我母之念……天王言天说地，并不以国为事。朝中政事，并未提托一人，人人各理一军。

那时专作守城之事，某处要紧，即命我守。京城唯富豪及兵有食，穷家男妇，俱向我求。我亦无法……

我主降诏云：“合城俱食甜露，可以养生。”甜露何能养世间之人乎？甜露即地生各物，任人食之。此物天王叫做甘露也。我等朝臣奏云：“此物不能食。”天王云：“做好朕先食之。”

所言如此，众又无法，不取其食。天王在宫中润地，自将百草之类，制作一团，送出宫来，要合京依行毋违，降诏饬众遵行，各家备食……

入南京之时，称号皇都，自己不肯失志，靠实于天，不肯信人，万事俱是有天……我主如此，我真无法。

（——他说得素朴，而字字裹胁总崩盘之前的高度紧张，迎面袭来，令人难以逼视。命食甜露，自坏阵营，总替秀成扼腕。最后的几十万部队，芟夷剪伐如草木焉，谁辞其咎？仰天长叹，曰大疯子洪天王而已。我主如此，我真无法，直是呕心之长喟，仿佛万箭穿心。国事成败，未有如此可恨者。甜露一节，大诈画皮褫尽，直接以无赖面世也。妙舌莲花能够粉饰太平、掩盖过失，甜露一出，天怒人怨，小儿也不能骗；老洪不识时务拥抱毁灭，只可惜了秀成的人品才干。）

斯时王次兄以及洪姓见我滋（慈）爱军民，忌我有图害国之心，说我忠而变奸，不念我等勤劳，反言说我奸。我本铁胆忠心对主，因何信佞臣而言我奸？是以灰心而藏京内，又逼气而陪其亡。我将兵数十万在外，任我所为，而何受此难者乎？……我到京，合城欢乐，知我出京具（俱）各流凄（涕）。

合城男女饥饿，日日哭求我救，不得已即已强行密令城中寒家男妇，准出城外逃生……去年至今，各门分（放）出足有十三四万人之数。不意巡各城门要隘，是洪姓用广东之人，将男妇出城之人各所带金银取净，而害此穷人。我闻甚怒，亲往视之……自此之后，国出孽障，多有奇奇怪怪。主信闲言，不修正事。城内贼盗蜂起，逢夜城内炮声不绝，抢劫杀人，全家杀尽……

（——天王意欲把人奴化为机械，机器各部件必须是标准件，非标准件注定要被出局。所以他一开始就不惜与任何人大构嫌隙，此时则怒向所有人，诚所谓最后之疯狂也。然而败兆频露，乱象纷呈，可怜生灵涂炭！）

此日在我府会议粮务，补王莫仕葵、章王林绍璋、顺王李春发、王长兄长子洪和元、干王长子洪葵元，在我府会议，正逢松王陈得风送到此文，本城文到，何人防有私乎？

莫仕葵顺手将此文扯开一看，见此情由，各人并涌来视，内言问忠王真有此言否，此时莫仕葵在此，问我曰："尔谓宋永祺到场，我问来情，我为天王刑部，今有此事定要讯问，不然我便先行启奏。尔做忠王，恐有不便。"等情。

后不得已，宋永祺又不能逃，莫仕葵发动人马，在我府等候。此夜宋永祺正到我府，与我家弟叙及此事，莫仕葵将其拿获，后又将郭老四并获。

此时惹出大事，合城惊乱，我平日幸得军民之心，不然，误我全家久矣。朝臣共有忌意，不欲救我之罪，后将宋永祺押入囚内，欲正其法，我与其亲戚之情，不能舍绝，将银用与莫仕葵，而后宽刑……此事连及我身，幸合朝人人与我厚情，不然，全家性命早亡。

（——太平军一夕数惊，时时以为湘军行间用谍。真正鬼影幢幢，草木皆兵。莫某等人，就像后来的克格勃，乃是坑人机器，在内部搞事上瘾，此时杀机四伏，命悬一线。秀成被疑，此景惊心动魄。事在天国覆灭前不久，特工机构尚如此冥顽放纵，公然威胁。邪佞成事不足，败事有余，此之谓也。秀成的警告和忧虑应验了，太平天国也呜呼了。）

从王安石到尤努斯

——也说青苗法的另类时空

王安石当年搞青苗法，随之备见梗阻，最后面目全非，成了剪不断理还乱的一团乱麻，士夫沸腾，黎民骚动。但九百多年后的诺奖获得者尤努斯，他从基层推动经济和社会发展，其行之之法，和王氏用心同出一途辙，却大见成功。天意欤，人意欤？

宋时集权盛旺，冗官冗费膨胀，国家财政负担增加。《欧阳修文集》卷五十九说是“财不足用于上，而下已弊。兵不足威于外，而敢骄于内”，也痛心疾首之言。当彼之时，制度日益丛杂，王安石当然要想办法。他是在神宗任上得遂其政的。神宗当时欲克服燕云，恢复先主之业。这些都要先充实府库，而欲财政之丰，提倡生产乃是根本。

青苗法是新政六种之一项，让农民估计将来粮食余数之量，由官家贷款，谷物收成后还；先已局部实施过，后推向全国。

民国经济学家朱伯康论说这一段史实，时说：“资本由常平仓、广惠仓之钱谷充之。放款期分夏、秋二季……归款时期，在收成之际，若遇荒则展至下期，手续则由人民自由申请为原则。利率以领取时规定之斗斛为度，若改还钱，取息十分，不得过三十分。在乡村之放款全为信用放款，十户为一保，即可请领；在坊郭，则五家以上为一保，须以自己物业为抵押。此法行之十六年，流弊丛生。韩琦、范镇、欧阳修、司马光、苏轼……皆反对之。”（《中国经济史纲》：商务印书馆，1946年初版）

其噎塞不通之患，大要在于下层人员执行不善，例如提举官（管理员），以多散为功，不问贫富，均摊配之；贫者到手用去，无力缴还，吏督之急，则逃散四方。还有散给之时，为多给，又请客设倡，不会来事的甚至只有自杀，地方豪强则于此时贱卖田宅，大搞兼并。他们转手之后，贷款已无异于可怕之高利贷，而这一切在相当于立法的背景下强制推行。为富不仁者，更借王氏之名而行凌虐掳掠之实，积弊已深，高人束手。

但是九百多年以后的另一个地方的实践者几如依葫芦画瓢，却大为成功。

2006年诺贝尔和平奖，奖给孟加拉人、经济学教授尤努斯。他在三十年前创办 Grameen（格拉明）银行，向那些有需求者提供小额贷款。尤努斯的理念转为实施，令几百万人受其惠，除了孟加拉人，还有其他国家的百姓。诺奖评审委员会指出：“只有当大批人口找到消除贫困的途径，才能取得永久的和平。”

小额信贷在20世纪70年代发端于孟加拉国。它是满足穷人信贷需求的一种信贷方式，贷款对象仅限于穷人，额度很小，无须抵押。Grameen 意思就是“小型乡村”，其模式是一种非政府组织从事小额信贷的模式。“格拉明”以小组为基础的农户组织，要求同一社区内社会经济地位相近的贫困者在自愿的基础上组成贷款小组，相互帮助选择项目，相互监督项目实施，相互承担还贷责任。

王安石，梁启超说他是伟大的金融家，有超前的金融意识；说他的惠民之政，相当于现代的劝业银行；甚至说“夫中国人知金融机关为国民经济之命脉者，自古迄今，荆公一人而已”（梁著：《王安石传》，第十章）。这就未免抬举过分了。现代金融体系的正常运行，必以民治社会的游戏规则为前提，信用、规则、法治、责任，在在有所依循……贯穿不可或缺的相关背景、相关环节。

而王安石的时代，全无此种社会氛围。他的“官方语言”，等于没有合适的“翻译”渠道，又拿什么来保证它的适切畅通呢？行政系统行政机制成为遏止青苗法的瓶颈，好心而又霸王硬上弓，结果大半是面目全非。在这样的情况下，还不如苏轼、司马光等的“保守主义”来得适切。改革看你是否以人为本，是否改在节点上；而非只要有理想的运作或好心的改动就是好东西。《王安石年谱》记载，其当新法实施之际，颇自负，以为“我宰天下有余”，实已以昏聩为聪明。荆公自视为天生圣哲，其实他和芸芸众生一样，也只是个渺小的脊椎动物，牛皮啥呀？

当时农民在组织上一盘散沙，其得小贷款，将与打酒喝、买副食等，和今之偏远地区的农民一样，可见王氏的光输血而无造血功能的改革，毕定会功亏一篑。再说利息那么高、中间的暧昧环节那么多，王安石这项工程，既非输血，更非造血，事实上简直是抽血了。在社会保障系统一无依循、生活资料一无所有的情况下，偏远地区农民将贷款率先用之，最后所能归还的只是排泄物而已——再生产无从谈起，本金又归诸乌有，若追索迫近，则只有弃家而走，造成新的不安和隐患。

朋友，须知在一个没有权益保障的社会空间，“今朝有酒今朝醉”乃是普遍的社会心理。人民怨憎污吏，掌权者同样心存异志，权力物化，寻租放任乃是其必取之途。皇权制下，看似因权力集束而高能高效，但这只是对朝廷的需求而言；至于下层极宽泛的社会，因其反人性、反规律、一言堂、暗箱操作等特性，反而产生循环迭起的离心力。王安石的固执武断，每好以偏概全，最后竟将错就错了，事情当然就变本加厉，更加旁逸斜出了。全盘的纠葛，王荆公恐怕始料未及罢。

林语堂《苏东坡传》写这一时期的朝廷运作："……引起最后争论的问题，是青苗法。不可不知的是，每借进一笔钱，短短数月之后就要付出一分半的利息。不论朝廷如何分辩，说与民不是以营利为目的，百姓都不肯相信……要力行自愿，并无实际用处，因为富户不肯借，穷人愿借，但无抵押；最后仍须保人还债。同时，督察贷款的特使急于取悦于朝中当权者，低级官吏又不敢明言……"

结果是凭想象办事的大吏固执己见，中下层人员各有怀抱，都暗中向各自期许的方向用力，而社会就在这样的情势下形成撕扯，坏账滥账，尽要百姓买单，强凌弱、众暴寡，颟顸腐化，贻患无穷，整个就是苏东坡所说："譬如乘轻车、驭骏马，贸然夜行，而仆夫又从后鞭之，岂不殆哉。"

王安石的观点，在理论上固然是动听的。加快资金周转速度，改进生产条件以增加生产等，皆属现代经济学范畴。黄仁宇先生以为，很可惊异的是，王安石当时就已经懂得：可以用信用贷款的方式刺激经济的成长……他的经济思想远较司马光高明；但黄先生也说，这恰恰是事情的不幸与悲剧所在。因为就实质而言，他的高明，并非什么思想，只是一种念头而已。

王氏、尤氏的出发点都是迫于当时和当下的实情的需要，但一个铩羽而归，一个却得以登堂入室。王安石先前也是基层小吏，那时他搞贷款就较为完满，为什么呢？空间的向量允许他施展腾挪，但那是一个特例。到了宰制全国的时候，上下游离，行政的弊端就非其力所能羁控。指令经济、想当然经济自然就“骏马下注千丈坡”，难以收拾了。尤努斯则可以说是另一个时空的王安石。尤努斯“平稳过渡”的背景也在行政不干预，至少不成其为障碍，故使其可依日常经验、规律及实际情况从容操作。他们的路数很相似，性质却很不同。

尤氏的具体保障也渗透在细节上，他在小组基础上建立中心，作为贷款交易和技术培训的场所；无抵押的、短期的小额信贷，但要求农户分期还款，定期参加中心活动。对于遵守银行纪律、在项目成功基础上按时还款的农户，实行连续放款政策。经营机构本身实行商业化管理，特别是以工作量核定为中心的成本核算。简而言之，是清明吏治作保证和必要的专业人才相配合。从性质而言，他的贷款理念和高利贷竟是相反的，渐渐的，他的“乡村银行已不须担保，还款率高达98.85%，农民的合作性和接近商业的能力大大增加，透过小额贷款，农村彼此合作免遭剥削，并创造出自产自销的小商业模式”(《参考消息》，2006年10月25日)。他的每一个步骤都卡位卡得很紧，像齿轮的咬合，而其施之于无数个体的优惠，因这卡位形成良性循环，造成社会经济的整体提升。在此，制约机制良善无弊，它施之于相当区域的穷人，大家在制约中获得自由，机会均等，权利平等。这里既没有“吏呼一何急”，当然也就没有“妇啼一何苦”，此所谓形势比人强。

从他1974年第一次借出二十七美元给农民开始，到现在他已建立了一千多个信用社，为贫困村民提供了几十亿美元贷款。梁启超加诸王安石头上的惠民金融家的头衔和光环，要改移到尤努斯头上才算合适。

几十年来，小额信贷为穷人所深喜，在亚非拉美诸发展中国家，衍为固若金汤的扶贫方式。梁启超的所谓惠民之政，若是用在尤氏身上，那就非常贴切了。同样是好心肠，一个是古代的玄之又玄，一个是现代的行之有效，节点其实就在政经体制的适切与否。

天才的睿智与洞见

——郑观应及其《盛世危言》

晚清时节，外患内忧加剧，国势险恶，几陷万劫不复之境地。但那也是志士崛起、豪俊辈出的时代。王韬文笔的简古畅达和投身自由媒介的深广、孙中山先生的深谋远虑和愈挫愈奋、郭嵩焘智者的痛苦……皆具各方面的代表性。郑观应与容闳、康有为、梁启超、孙中山等同时，其思想巨著今日读来犹心如卷澜，汗涔涔下。郑公，广东香山人，生于 1842 年，卒于 1922 年。他少年时期即远游上海，弃学从商，后长期于洋行任职，与洋务大员交谊日深，先后任织布局总办、上海电报局总办。后又擢为轮船招商局总办。其间思索结晶也日益宏富。郑先生在早期开埠的大上海入洋行、学外语、识外人。他的商业实体做得很大，而他的头脑则一刻也不停地思考中国症结；其后又应粤东防务大臣彭玉麟之招，潜往西贡、金边侦察法人军情，为国效力。其为人或经商均方正而有转圜余地，责己严而待人宽，终因人事挫败受诬于人，乃退住澳门，倾力撰述《盛世危言》。其《救时揭要》1873 年刻印，《盛世危言》1894 年刊行。其于政体则倡“立议院、达民情”；于洋务派之心结，则指出其“舍本图末”；经济方面则主张民办企业，与列强之商战抗衡；文化建设则办学藏书；军事上“人”、“器”并重。观其《条陈中日战事》之分析及行止，可谓军事情报之天才及商战之第一流高手。《盛世危言》在政治方面超越同侪之处在于:强调立宪为首要的议会政治;以此为背景，传媒、商业、文化……方有真正依托。故张之洞读毕《盛世危言》由衷叹曰:“论时务之书虽多，究不及此书之统筹全局择精语详。”他可以说是民主政体的血亲，心地的纯挚、头脑的深邃、眼光的明锐、运笔的条畅、结体的厚重，合一炉而冶之。

书中纵论学校、考试、藏书、公举、邮政、农功、铁路、保险、边防、练兵……卓见迭出，系统有致，洵为同盟会大举、党人报刊大量出现之前，最为恢弘峭拔、言之有味、言之有物的著作。他在举行自由公正选举、扶助自由负责的媒体、创建独立的司法体制和通过国民教育确立公民意识等方面作出令今人惊讶不已的卓越论述。

知屋漏者在宇下，知政失者在草野。郑先生的高明在于，强调政体的优先，政体的决定性、根本性，乃是社会正常和谐发展的根本。他的价值观念扎实，超越了器物的现代化，而进入制度层次的近代化，或曰思想行为层次的近代化。他指出这样的路径：倘若根本性的要件弃置不顾，则它方面无论有多少的法律、条规、经略、谋划……都是治标不治本，进展缓慢，或不进反退，甚至走向文明进步的反面。而一切形式的专制者对此总是深惧而阳奉阴违的。

对民主政体深入骨髓的认识，乃因其杜绝舞弊之科学、之严格、之有效。他论述议员、选举之关系：“为国人所举，举自一人，贤否或有阿私；举自众人，贤否自有公论。”定位之精确无以复加，如此实行，可令天下英奇才智之士得以施展。当时，国人也有疑问，以为中国唐宋以来之台谏、御史，不就和西方的议员一样的质地、作用吗？郑观应直截指出其本质的不同：盖中国之传统专制下，谏官必顾私恩、讲门第，同时于民情也相当隔膜，其间还有智愚贤不肖的区分；沽名钓誉者还有那个制度保其行径，致生很多麻烦。议员则不一样，他们的来源，普遍选自民间社会，草茅疾苦可得切近了解，更关键之处是他们的进退出入升降沉浮也决定于民众。

他对欧陆行政嬗变、体制、构架了然于心，和中国的行政体系做切近、踏实的比勘校验：如谓吏治：倘有任何渎职现象，议院、总统就会理董之，官吏则不能一日居其位，此即制衡之奇效也。对积弊之痛愤："中国自秦汉以来，科条非不密也，其奉行而持守之者，非不严且明也，及其既也，适也束缚天下之君子，而便利天下之小人。"欲扫却这样的不堪之状况，他明言非开设议院不可。循名责实，至大至公，"何惧乎英、俄？何忧乎船炮？"制度路径乃是解决最棘手社会问题的根由。

议院之形成、运作、规则、人员，议院立法之方式、形式，皆以英、德为例。其作用："而昏暴之君无所施其虐，跋扈之臣无所擅其权，大小官司无所卸其责，草野小民无所积其忿，故断不至数代而亡，一朝而灭。"

言论自由、权利保障、经济腾飞、国际地位，事无巨细，都要靠三权分立的政体来保障。专制专权，黑箱操作，一人说了算……这样的政体，社会个体都会为了生存不守规则，互相欺骗的恶果是加剧不安全感，坠入恶性循环的险恶之道。

孟德斯鸠《论法的精神》尝谓"一切有权力的人都会滥用权力，这是万古不易的经验。要防止滥用权力，就必须以权力约束权力"。郑公发议，盖基于此。

专制之下，遇到明主、贤臣，老百姓或可喘口气。而多数时候则血泪相和流，“更能消几番风雨，匆匆春又归去”。风雨如磐，鸡鸣不已。

开发选举，整合地方功能，整合社会经济资源，实际上是一种良性利益诱导方式。除国会立法外，日常制度形成往往由诱导因素变迁而成，对利益主体的各方面，均达成良性循环。

当郑观应方痛切思索之际，在他稍前或同时，也有类似的嘤鸣之声。林则徐亦译亦撰的《四洲志》，介绍三十多个国家的人文、地理、历史，细部旁及行政、司法、资源、风俗、技艺……，其中介绍美国十分详尽。于政事一端，他介绍说，“以洼申顿为首区，因无国王，遂设勃列西领一人，综理全国兵刑、赋税、官吏黜陟。然军国重事关系外邦和战者，必与西业会议而后行，设所见不同，则三占从二……勃列西领四年一任，期满更代，如综理允协，通国举服，亦有再留一任者，总无世袭终身之事……”又详叙其大学、法政的教育：“迩来又增学习智识考察地理之馆，重刊欧罗巴书籍，人才辈出，往往奇异。”关于赋税，因其一开始为小政府大社会，所以，“当开国之初，轻税薄敛，原可足用”。遇到战争，因“兵少饷厚，故训练精强”，征收钱粮税饷都是良性循环，于美国民主制度隐约透露欣羡之情。

因其书最早打开眼界，故尚有幼稚或令人哑然失笑之叙述，但当政经关键，却往往一语道破。就其深度、专注、身份、重要性而言，林则徐可谓睁眼看世界的第一个中国人。

广东名儒梁章冉的《海国四说》云：“未有统领，先有国法；法也者，人心之公也，统领限年而易……终未尝以人变法。既不能据而不退，又不能举以自代。其举其退，一公之民。”国家法政的总决定权在人民，三权分立的制度设计，又使总统届期必退，即无论何等样的恋栈者俱不可行。对最高统治者本人来说——“为统领者，既知党非我树，私非我济，则亦唯有力守其法，于瞬息四年中，殚精竭虑神，求足以生去后之恩……又安有贪侈凶暴以必不可固之位，必不可再之时，而徒贻其民以口实者哉？”谈政体的文字在这书中不太多，然一旦涉及，其认识往往深入骨髓，精到的眼光与把握令后世相当多的长文专论所望尘莫及。

其后魏源编撰巨著《海国图志》，书载：“呜呼，弥利坚国，非有雄才枭杰之王也，涣散二十七部落，涣散数十万黔首，愤于无道之虎狼英吉利，同仇一倡，不约成城，坚壁清野，绝其饷道，遂走强敌，尽复故疆，可不谓武乎！……二十七部酋，分东西二路，而公举一大酋总摄之，非唯不世及，且不四载即受代，一变古今官家之局，而人心翕然，可不谓公乎！议事听讼，选官举贤，皆自下始。众可可之，众否否之，众好好之，众恶恶之，三占从二，舍独洵同，即在下预议之人，亦先由公举，可不谓公乎！”已相当明确地肯定制度的约束力量，以及那种“最不坏”的巧妙设计，对议会架构的介绍与美誉于维新运动大有启发。《后叙》说美国宪法“可垂弈世而无弊”。

同时期的郭嵩焘，他是洋务运动的倡导者，而胸怀却远远超越洋务意识的奇人。他曾襄助曾国藩出办团练，建湘军；中年时期至上海，接触西人西学；晚年力陈西方立国之本在政教，若仅于技术方面师其长技，乃舍本逐末。他曾出使英国，为中国遣使驻欧之始。他在两年多使外期间，有六十万言记述，得出“西洋国政一公之臣民，其君不以为私”，“中国秦汉以来两千余年，适得其反”的结论（《使西纪程》)。保守派据为把柄，予以攻击。汪荣祖先生《走向世界的挫折》第 145 页写道 :“郭氏以礼为治事之必须。儒家的礼就是儒家的制度……他认为礼须不违于时，则以礼为本的政教，岂能不应时而变革? ”郭氏言，“时者，一代之典章，互有因革，不相袭也”。

他们都是在那人心窳败、凋敝的社会风气中，真正的有心人，因其天才的洞见和深刻的睿智，成为 20 世纪的思想巨人，而以郑观应所述最为系统条畅。其思想的生成、结撰，不特超越前人，傲视同侪，且也以其决不缩水的思想重量，照出后人的庸常和反常。

曹聚仁先生《中国学术思想史随笔》曾很确凿地断言 :

儒家谈政治，不主张理财，这便是行不通的。一则藏富于民，就会害民，因为让人民自由竞争，自由贸易，就会造成欧美资本主义的畸形经济，弄得政府没有钱，钱都流到少数人手里去了。二则政府一切设施，一切建设事业，都非钱不行，不善理财的话，任何政治理想都不能实行，现代政治家都知道政治越进步，赋税便越重，薄赋税的话，只是迎合社会群众的心理，发些不负责的空话。

这是他赞誉王安石的经济思想，为王氏辩护的一番话。他推崇王安石的整理兵制，重要企业由国家经营，由政府统制一切企业经济机构……所以曹先生崇法家而厌恶儒家。

政治民主化、经济市场化、文艺自由化，等等，乃是政治现代化的圭臬。曹公智不解此，至发荒诞之言，竟至走向推崇残民以逞的行政政策而不自知，反而沾沾自喜。

社会平衡，人心顺遂，起点平等，自由竞争，最大限度地发挥个体的人本的价值，其结果就是藏富于民。曹公竟说这就会害民，真是哪壶不开提哪壶了。而在不知不觉间，他对民间的漠视，对民瘼的轻蔑，以及他那货与帝王家的帮闲念头就露了马脚。

什么建设呀设施呀，都非钱不行，更是不着边际。盖在他心头，钱就是纸币，而不是经济基础和实力。钱从哪里来，从根本上说，不是印钞厂开动机器，而是市场自由竞争的结果。理财也不是他心目中那种概念，赋税越重钱就来了吗？就算是，也是杀鸡取卵一时而已，是对社会的抽筋剥皮，更是政治的自掘坟墓。再者，欧美社会，对暴利行业才课以重税，重、薄各有针对，哪里像曹公所说是什么畸形经济？

王安石那一套政治、经济运作模式，在经济学上，相当于凯恩斯疗法，但政府却是在完全缺乏“凯恩斯契约”的约束下实施这些政策的。事实证明在经济自由化和政治控制之间并未取得平衡，反而左支右绌，导致全面棘手的问题和始料不及的巨大麻烦。曹先生盲目大赞王安石，他不知道，要达成其理想，政府必须在不违反自由市场原则的情况下来采取干预行动，而这种契约在那时的专制体系中根本就不存在。于是，国家办社会，专制者乃不惜一切代价保住他们的政治权力和经济特权，指令经济带来僵化后果。

藏富于民和国家建设完全是不矛盾的一物两面。倘若民间只有微不足道的权利和财富，则出现严重经济危机的概率将大增。正常的民意表达手段与管道极度缺乏，加上集体行动受压制，问题反而被忽略，终至爆发。如果不是藏富于民，政府要大大地有钱，则他们必利用一切可以动员的资源，以一种近乎掠夺的方式来极力支撑其表面的繁荣。无论朝野之事，百姓均无发言或与闻之权。

所以曹先生那一套非驴非马的政经“思想”，经他一番认真冥顽的表达，读来真有啼笑皆非的感觉。由一种大一统的心态所支配，他在做判断时倾向于反应过敏、冲动和轻率。较之早他百年的郑观应，曹公的见识，就可以说是不成样子了。郑先生的书中，民主相当于“第五个现代化”，乃是最重要的现代化，这一点是确凿无疑的。因为在立宪政府和自由言论的条件下，公众有其他的信息来源，不会为强权谎言所欺瞒制约。

在曹先生潜意识中，人与蝼蚁、蛆虫了无分别，显出他那民可使由之，不可使知之、有之、富之的帝王心态。也许他的出发点原出良好，可是他的见识实在短浅荒谬。可见古人在硬件方面虽不如今人见多识广，而其智慧却有超越不可代替、不可逾越的地方。曹先生的发议为20世纪60年代，不过差不多百年时光。人的见识退步如此，不可以道里计，开脱无盐居然不惜唐突西施，究竟令人诧异。

20世纪二三十年代的高明如丁文江先生等，1933年夏天他访问苏联和美国。他为苏俄的计划经济及控制力而赞叹；随后又到了美国，惊叹于美国的令人眼花缭乱的物质文明、科学技术对社会生活的强大渗透。他在摩天楼下由衷惊羡，“然而，他并未将美国的繁荣现象归功于美国的经济或政治体制出类拔萃”。在丁先生的心目中，仿佛美国的强大与生俱来、天生如此，而非制度的优越。他对苏俄的访问，也没有像罗曼·罗兰那样表现拷问的责任或发现漏洞的坦率。他认为中国政治的混乱，“不是因为国民程度幼稚，不是因为政客官僚腐败，不是因为武人军阀专横，而是因为少数人没有责任心，而且没有负责任的能力”（丁文江：《少数人的责任》）。他说：“民主，仅是一种进行统治的实验形式。”丁先生推崇西方技术、现代行政组织方法、敬业精神、廉洁奉公等信条，这都是智者的仁心仁术；但他显然遗忘了最重要的一点，即体制的决定作用。他过多地看中实用主义的权宜之计，而忽略了民主作为一种生活方式的根本意义——普选，分权，司法独立，个人权利对社会生活、国民经济的根本支撑和保障，即措置利弊得失的明效大验。

至于再往后几十年的顾准先生，他反复强调，两党制不如一党制，民主也只是粉饰门面，换汤不换药。他梦想用一种虚幻超验的"科学精神"来改善人类的处境，而不是作为一种生活方式的民主制度。（《顾准文集》，第343–346页）那样的见识，几乎就是一个残酷的笑话了。

以上诸位，他们有好心眼，却无鉴赏力，或不知深浅，或不识大局；若依此探悉利弊，自然不得要领。他们缺乏的则是郑先生那样的眼力和魄力，故其对大局认识尚未登堂入室、舍筏上岸。比他们早几十年甚至上百年的郑观应所反复推扬的，却是"君主权偏于上，民主权偏于下，凡事上下院议定，君谓如实内即签名准行，君谓否，则发下再议，其立法之善，思虑之密，无逾于此……"。他最看重的是"此制既立，实合亿万人为一心矣"。包括当时日本羽翼渐丰，国力渐强，郑先生即直截点明其"步趋西国"的制度的决定性及宪政文化的普适性。

一元化专制强权抹杀人的政治自由，个人的自主、自动自发的能力，遂令各种弊端渐次显现，人人自危、草菅人命、道德沦丧、吏治腐败、因循苟且、豪杰灰心、恶徒躁进、信息黑箱、剜肉补疮……一时俱来。积弊发展到极端，终于引发社会的大动荡，底层民众承其巨大代价转徙沟壑……所以郑观应先生对此"弊之太甚"的状态，极为痛心。怎么办呢？"去之之道奈何？一言以蔽之曰：是非设议院不为功！"（《议院上》）事实上美国国会之两院，一为贴近且跟随民意公论，一为防止集体情绪狂乱。宪法规定法律之通过须经两院允许。而两院之间互有羁控，譬如参院有权对众院之法案修订或驳回，其分权与制衡相当有效。郑先生所有的思想布局及深远的考虑，和后世的美利坚总统小布什之高明用心同出一辙——“人类千万年的历史，最为珍贵的不是令人炫目的科技，不是浩瀚的大师们的经典著作，不是政客们天花乱坠的演讲，而是实现了对统治者的驯服，实现了把他们关在笼子里的梦想。因为只有驯服了他们，把他们关起来，才不会害人。我现在就是站在笼子里向你们讲话……”

廖燕的思想底蕴

廖燕，一个一生布衣的在野文人，以今言之，则边缘化也。他的视野非常高阔，但他长期被文学史忽略。他嗜书如酒徒之嗜饮，徒步从韶关至广州求借读书；也略有出仕的机会，他自动放弃了；也曾参加反清复明的部队，备尝艰辛，未能大成，仍嗜书不止。

旧时文人，不少是好人，对生活并无太多要求。假如精神自由一点，社会多少讲究一点游戏规则，倒也无枉一生。但是专制的肆虐，是一种无止境无人性的东西，所以，灌园抱瓮，莳花种菜，甘于淡泊的背后，不免流露一种失路之悲。或在乱世转徙苟活，或在被控制的时间里面消磨，生命的意义打上负数的标记，令人长喟不已。

廖燕的墨迹今尚存，观之，但见劲挺中不乏含蓄；有的笔画也相当开张，揖让之间似可触摸到他的孤愤、他的锐眼。真可谓“观书老眼明如镜，论事惊人胆满身”。

《性论》首句，“天地一性海也，万物一性具也。天地万物皆见役于性，而莫知其然……”也是漂亮、惊艳、有震撼力的句子。来得很陡，而很抓人。

他的不羁，他的狂放，以思想深度为底蕴，为古今腐儒难以望其项背。

《管锥编》第 234 页，钱先生此文梳理专制之害，从先秦提领至明朝。末尾且发挥说，愚民者自欺欺人，最后自将其愚信以为真；还专门拈出廖燕《二十七松堂文集》卷一《明太祖论》：“明太祖以制义取士，与秦焚书之术无异，特明巧而秦拙耳，其欲愚天下之心则一也。”

那确是历来罕见的奇文：

天下可智不可愚，而治天下可愚不可智。使天下皆智而无愚，而天下不胜其乱矣。……夫庸人乌能扰天下哉？扰天下者皆具智勇凶桀卓越之才，使其有才而不得展，则必溃裂四出，小者为盗，大者谋逆，自古已然矣。唯圣人知其然，而唯以术愚之，使天下皆安于吾术，虽极智勇凶桀之辈，皆潜消默夺而不知其所以然，而后天下相安于无事。故吾以为明太祖以制义取士，与秦焚书之术无异，特明巧而秦拙耳，其欲愚天下之心则一也。

秦始皇狙诈得天下，欲传之万世……以为可以发其智谋者无如书，于是焚之以绝其源……且彼乌知诗书之愚天下更甚也哉？诗书为聪明才辩之所自出，而亦为耗其聪明之具。况吾有爵禄以持其后，后有所图，而前有所耗，人日腐其心以趋吾法，不知为法所愚。天下之人尽愚于法之中，而吾可高拱无为矣。尚安事焚之而杀之也哉？明太祖是也。

自汉、唐、宋，历代以来，皆以文取士，而有善有不善。得其法者，唯明为然。明制：取士，唯习《四子书》，兼通一经，试以八股，号为制义。中式者录之。士以为爵禄所在，日夜竭精弊神以攻其业，自《四书》、一经外，咸束高阁，虽图史满前皆不假目，以为妨吾之所为。于是，天下之书，不焚而自焚矣。非焚也，人不复读，与焚无异也。焚书者欲天下之愚，而人卒不愚；此不焚而人不暇读。他日爵禄已得，虽稍有涉猎之者，然皆志得意满。无复他及；不然，其不遇者，亦已颓然就老矣，尚欲何为哉？

……

此文透露的信息是，人性如何被奴化、被淡化、被弱化、被非人化、被平面化、被边缘化，在此轨道上长期运行变成一种不自觉的自觉。他们各得其所，完成了对人性的摧毁控制，专制的种种甚至变成了基因，在现代社会间歇性发作，多处形成溃疡难以愈合。

焚书之术生产奴才，以制义取士捆绑性情，被奴役着却以为自由着。所有这些病症都是一个总病根，那就是专制之病。其甘心被愚，无非是利欲、权欲作为一种回报，为其操控，自然以愚民为事，但以自愚为前提。上得其轨道之人，权力欲都极强盛，而其本质是不读书的，但对算卦、看风水、驱邪的浅层文化倒情有独钟。他们对古代大学者的思想、学说与历史价值惘然无知。这些官僚仅仅贴着智识者的标签而已，乃识时务的行尸走肉。

论文字的组织、驱遣，文气的流贯……他当然不是唯一，但论及识见的深透，直达背景和后台，那就道个“多乎哉？不多也”啦。不平之鸣甚多，而挖掘出个人普遍性的人生悲剧，及所造成悲剧的深层原因，同时代就有文士由衷推崇：议论多发前人所未发。他的见解，确为江山文藻增色多多。

他的《高宗杀岳武穆论》，议论也是别开生面。他认为岳飞不是秦桧杀的：“高宗其欲杀武穆者，实不欲还徽宗与渊圣也……实欲金人杀之而己得安其身于帝位也。”（《廖燕全集》，第 10 页）。他当时的文友有谓：非具二十分胆识，谁敢如此下笔？可破千古腐儒之见。

他对明清鼎革之际的上层变乱，痛心疾首，拆其病象病因："在庭诸臣，忠奸不一，议论朝更夕改，率无拨乱反正之才，强敌压境，辄一筹莫展。及幸寇退，则骄语富贵，党同伐异，甚至揽权纳贿，无所不至，其习牢不可破……"（《廖燕全集》，第 296 页）。他的《张浚论》则阐述专制制度的致命陷阱："从来奸人害正人"，坏人与无限制的君权相结纳，"其恶亦渐肆，其后遂至于穷凶极暴而不可救止……"

他笔下的反清复明的志士，处境悲凉，遭遇无形网络，密密匝匝，只有绝望，难以冲决。

"古君子往往有以轩冕为桎梏，入山唯恐不深者。此岂其得已者耶？然人生至不得已而隐，已非人情，况并欲泯其名而不使见称于世，则其苦有孰甚于此者……"（《廖燕全集》，第 306 页）

他的诗歌，写景则悲壮痛切，镶嵌在景句中的悲绪不是摇落，不是斜卧，而是像强劲的海潮一样，激宕汹涌，不依不饶地扑将而来。他的一首律诗云："胸藏五岳隐难平，浊酒堪浇取次倾。满目烟云供异赏，一天星斗寄奇情……"（《廖燕全集》，第 503 页）又说："满目干戈天局促，长途风雪客凄其。五更马上吟残月，独木桥边访古碑。"（《廖燕全集》，第 527 页）。和他的各体文字一样，蒙眬是清醒的痛苦产生的沮丧。

他的眼光，具有强劲的穿透能力；他的思索，具有简劲的逻辑推导能力；他的追踪，具有陡劲的全程打击能力。这在古典作家中实属少见。自然，他也因此而备显孤独。

人总是要寻找发泄的通道出口，民主的制度，则在衡定的游戏规则中，尽可能使精力释放，"该干吗干吗"，一切有所安顿归依。

而不论秦始皇的暴烈、明太祖的伪狡，走后总要引起这样那样的麻烦，循环不止的是非颠倒错乱，祸乱相循。

廖燕的结论，也是说到底了，无以复加了。作为这一可贵思维的延伸，再走一步，那就到了林则徐、郑观应时代，相当多的一批知识分子，因西风东渐而透彻反省，向民主制度三致意焉。那是士人真正的自觉。他们着眼国家基本制度建设，力图从压迫者手中获得自由。他们的认识来自对专制祸害的刻骨体会，而他们傲岸独立的认识，甚至使很多后来的知识分子相形见绌。即如当世，曾见地方文化头头，也写所谓作品，不少系其标榜有骨气、葆个性之文人，于官场真真假假总有抗官的态势、清高的做派。然试一涉及欧美新闻领域甚或普选体制，其“辩证思考”则来矣，往往愤然做高亢状，说是大洋彼岸也有新闻纪律，也有检查，云云，不知其为权利所在。如此大势不明，使廖燕复生，当喟然掌掴之。

廖燕长期为文学史忽略。而此类文学史，数十年如一日，仅于鼎鼎大名者做模棱鉴定，读之使人昏昧不明；尤可恶者，使不明真相之后来青年，以为中国文学仅此而已，其摧颓先贤一至于是。

实则那些被忽略的作家，不乏深邃的智慧和思想，乃至经天纬地之文,廖燕最为典型。他之被忽略,并非后世批评梳理者吝惜笔墨,实因基础训练所致，及手眼、能力、水平所限，见宝不识，智不及此。令到古人创造湮没无闻，有的甚至因长期冷落，物质载体如书籍等的朽坏，而永远归诸风流云散。这对文化香火的传承，是何等惨痛的损失啊！

《管锥编》对此状况，仿佛放出千万只救生的小艇，在茫无际涯的洋面上穿梭施救，将要灭顶者拯起搭救，上得岸来，复加以理董之重塑之，使以新貌面世。

像钱锺书这样在时间的隧道里面攻城略地，使湮没的古典作家再现重光，这样的鬼斧神工，无远弗届；这样的一视同仁，“访贫问苦”，裨使野无遗贤。设使古典作家起来投票，恐钱公所得选票，将是一个惊人的数字。

《廖燕全集》：上海古籍出版社，2005 年 12 月初版。

抗战时的汽车传奇

今日的私人汽车，大多因了油价的攀升，很多人不免“马达一响，其心恐慌”。然而，“马达一响，黄金万两”——这句话，在抗战时期却是耸动视听的；在当时的公教人员听来，却又五味俱全。无数的人，生死皆系一方向盘。那时的司机，就有轮胎特权或曰方向盘特权。他们是那个特殊时期，最下层江湖中货真价实的贵族阶层。故其言行、生活、举动，均为一般社会人众艳羡不置。所以曹聚仁感叹他们竟然为教授、将军所侧目，厉害吧?

曹聚仁带点夸张口吻的纪实行文，确很唬人。

曹先生笔下，司机创造了乱世男女的新纪录。他说他们是一群滚地龙，“气煞了教授，恨煞了将军”。在路上，住房要最好的，还要最先满足他们，食物他们优先；男女之事，他们甚至可以用故意抛锚的办法来解决。在战乱时期，一个小镇，突然就会变成沙丁鱼匣子，“没有门道的话，除非变成司机的临时太太，否则没法到重庆、昆明去”。司机们在这方面也很放肆，好像在做末日狂欢。所以曹先生说司机和女人的故事，写出来简直是一部不堪入目的禁书，可参见《曹聚仁回忆录·乱世男女》。

实在也是，乱世之人，没法不变成现实主义；但跟司机从业人员的素养也有关涉。抗战时期的飞行员，尽多才、德、识俱佳的有为青年。他们和侵略者激战，很多人血洒长空，化为一缕青烟；而在地上的司机却反之——他们忙着变相勒索、吃回扣、运私货、搞女人……一个司机甚至向他说，你们做新闻记者的，可怜！我们一天的钱，够你们用几个月了。曹氏那时是战地记者，是战区司令、军长师长们的座上客，尚如此侧目于司机的牛皮——可见他们端的是很拽！

曹聚仁的书不足之处是判断有问题、出偏差，可他又很喜欢议论；好处在细节庞杂，来源于他生活的亲历，为第一手记录。他的记录也很广博，虽然深度不够，但信息量是很大的。

抗战时期，整个大西南后方的公路，缓慢穿梭大量货运汽车。20 世纪 40 年代中期，茅盾先生辗转于西南、西北，亲见汽车司机每晚大多要打麻将，有的熟悉了也会承认他的妻妾的多少。“他们谈话中承认司机至少有两个家，分置在路线的起点与终点——比方说，重庆一个，贵阳一个。”他们的灰色收入来自于汽油倒卖、搭载私客私货……一个司机把他的新宠放在驾驶室里，“女的爬了下来。司机要她挤在他那狭小的座位里（这一种新式福特货车，它那车头的司机座和另一个座是完全隔开的，简直没法通融），一条腿架在他身上，半个身子作为他的靠背，他的前胸紧压着驾驶盘，两只手扶在驾驶盘的最上端，转动都不大灵活”（茅盾：《司机生活片段》)。重庆、贵阳、息烽、昆明……那些司机有不同的丈母娘家。而更搞笑的是，那些女子也不是省油的灯，她们也往往有不同的婆家！她们随“夫”行路，也在不同的地段回“家”。而这样的遗风，笔者在上世纪六七十年代的川南地区也还曾屡屡见之。

抗战八年中，人民抛弃家乡，丧失资产，生活压迫，空袭惊扰……苦不堪言。一些人却奢侈、荒淫、凶暴。汽车司机也把那一点的特权用到极限。中国基层社会一盘散沙，效率低下，于是更加痛苦不堪。重庆陪都，汽车增多，专门修路，以利于汽车阶级。张恨水对汽车经济的观感，写有时评《同胞们努力买汽车》，予以深婉的讽刺。

下层民众、知识分子坐得起车、轿的很少很少。公共汽车倒还可以考虑，但君不闻乎张恨水先生所说："城里的公共汽车，挤得窗户里冒出人来。下乡的汽车，甚至等一天也买不着那张汽车票。"所以他进城，从南温泉到市区十八公里，经常是走路。但是马路上也有阔人的漂亮汽车，风驰电掣，雨天故意溅人一身泥。

至于从沦陷区出来，沿湘赣路走到大后方，妇孺往往徒步数千里。九死一生，血泪滋味。这样的镜头我们可以想象：倘若侥幸能坐上大货车，已不啻上上待遇。

若说汽车司机自身的生涯、悲喜，是如何的野犷放荡，那就要看《新民报》名手程沧（程大千，笔名司马讦）的《重庆客》了。他以汽车司机悲剧命运为题材的《十二磅热水瓶》最为诙诡，观之对人生有震撼之感，不异冷水浇背。那时的司机说到底，其人生也仿佛独木桥上舞蹈。

在程先生的冷静的叙述中，大有惊悚的味道。小说大意是——

重庆至贵州的公路上的一家小食店，一个疯了的前汽车司机走来了。他在门口吩咐堂倌:摆碗筷！没人应他，他自个儿命令道:"炒猪肝，鱼香的，放辣点。再来一盘八块鸡，一碗豌豆烧猪肠……"

那人一面叫菜，一面选择座位。

走堂的把抹布往肩上一搭：

“炒龙肝，炸凤凰，全有。只是我们要卖现钱。”

“放屁！”那人大怒：“挂账和现钱怕不是一样。”

他用手掏他空无所有的口袋……他脸上的表情——一种惶惑的笑，又类似于哭。

“哼，要是我的十二磅热水瓶运出来了，你就给我磕一百二十四个响头，也休想我走进你倒霉的饭店。”

他自负地说。得到的是满堂哄笑。

原来这是一个汽车司机。他先前阔得很，长途运输货物，沿路数不清的小站点，每个站他都弄得有一个老婆。他花钱如流水。他俯视挣扎求存的芸芸众生。可是一天他被日本军队包围了，抓到营房关押，放出来后就疯疯癫癫了。一天开车路过奈何桥，他偏就睡着了，自然，人、车也丢翻了。从此失业，也疯得更厉害了。

一个月后作者又返回那小店，见那司机衣装更加褴褛，在和掌柜吵架：

“哼，要是我的十二磅热水瓶……”

掌柜的不等他说完，就抢着说：

“我磕一百二十四个响头，你也不会来了。”

…… ……

惊险百出的柔性艳情

——张恨水先生的《平沪通车》

《平沪通车》，张恨水先生的名作。时代背景乃 1935 年前后。

银行家胡子云携带巨款，乘坐火车由北平赴上海。他具有一副政客的体貌（白晰、乌须而态度稳重），正做着醇酒妇人的春梦。他在餐车邂逅没有买到卧铺票的绝色女郎柳絮春，乃聊之，竟然有远房亲戚的瓜葛。他见色起念，百计接近，不知女郎早有预谋，多番转折后，从他日思夜梦的虚拟幻境进入实体操作，当夜便住一处，度过火车上的浪漫春宵。次日旧情重温，晚上到达苏州站时，停车较长时间。当银行家醒来，火车已将抵上海，他的巨款早已经不翼而飞——游戏已经结束。颠鸾倒凤辉煌胜利之后，立刻就暴露了它的本质——骗术。银行家傻了，随后他疯了。又过了几年，穷愁潦倒的他又在苏州站遇一女流，像极柳絮春。他触景生情，追了上去……

火车车轮滚滚，而情节也随之吊诡谲奇。这么一个柔性、艳情的故事，写得惊险百出，笔力不稍衰。其叙事风格是稳重大方而波澜迭起。

主人公闲情横流，放肆尘想，对其艳遇益发坚信不疑。女角对其控制，也如机床齿轮之咬合，严丝合缝，动弹不得；最能迷惑人的九尾狐狸精，或如运用阿斗，心算之间就钦定了他的天下。

江山可改，禀性难移。在一个混乱冥顽的物质社会，若有西施王嫱倩影入梦，那多不是巧笑美目的欢好，而是白骨精取命剜心的利刃。胡先生一时糊涂，为一己的欲望所牵制，被击毁在对方人性贪欲的遏制之下。

恨水先生的叙述笔法，有这样一种魔力：丝丝入扣，绵密紧凑，而又一波三折；每每有那关键之点，端的是针插不进，水泼不进。拆白党的女角，似乎也丝毫没有佻达不雅的作态。女角的诱惑过程，她的破绽好像微风掀起的衣襟，亦藏亦隐，很快又是夜阑风静縠纹平。也即说，您发现了破绽、不对劲，但您却甘愿受骗——您发现了骗局却并不相信这是一个骗局；您把吴钩看了，把栏杆拍遍，也还是无人会登临意。他老先生这一支健笔，好像万吨闸门，肩住了宏深的水泊，不动声色；到了开闸的时候，只见万钧雷霆，咆哮而出，悲剧之不可挽回，由是定型。当中包含的洞察与解构，稳稳当当地立定在那里。写到女郎苏州下车一段，真是惊心动魄，好像身历一场大型政变一样，种种处心积虑的计谋重锤一样砸着人心。

胡子云最后疯狂了。他又来到火车站，又看到了和先前的他一样身份装束的大亨男子，正在及时地向那不相识的妙龄女郎大献殷勤。子云叫道，喂！你不怕上当吗？“然而天下上女人当的，只管上当，追求女人的，还在尽力地追求……”读者似不能因有惨痛之一面，而忽略其有教育针砭意义之一面。西方有句谚语，说：你骗我第一次，你应该感到羞愧；你骗我第二次，我应该感到羞愧。但对于一种深入骨髓的骗术，要后悔却噬脐莫及。

女人善敲竹杠，西方谓之挖金姑娘，至不惜以最欺诈之手段达至其目标——谋划之深沉、手腕之灵敏，恰与奸商为富不仁、上下其手配为佳偶。风姿绰约，明目善睐，外在身段无限柔软，而内里同样硬狠心肠——是蛇蝎，谁近之，则咬谁。此类人在社会交际中，所伤害者为不同的个体，如在政坛上，所愚弄颠倒者乃是无数人间良善、无数的无告小民。巨奸大恶，和拆白党女角实在同一城府、同一手腕、同一邪恶。只是前者玩弄生命，杀人无算，而美其名曰理想社会，幸存者之抚膺痛哭，并不能消泯其伤害于万一。所以专制社会，最是生长骗子的土壤，情感骗子和政治骗子一样出色，一样生生不绝。他们运用了组织，控制了民众，渗透了社会的阵营，施用了毒辣的谋略，真是民族之极大危机，也是人类无比的厄运！反之，在民治民有民享的社会，由于有选举制衡等有效手段，政客无论怎样的狡狯，他都难以成为“挖金姑娘”。他要有分外之想也可以，但得付出劳作和真情，还只有一分钱一分货；而人民，却能以最低的代价，享受到最大的艳福。

上世纪 70 年代末期，我还在读高中，初读此书，为其哀感顽艳所眩惑，久之难以释怀。

“呜的一声，火车开了，把这个疯魔了的汉子扔在苏州站上，大雪飞舞着，寒风呼呼的空气里，他还在叫着呢！”

苦涩的辩护

王龙为周作人辩护，见于《审讯汪伪汉奸笔录》下册，凤凰出版社2004年版，自第1430页起《王龙为周作人补充辩护书》，乃首次公布的详尽材料。

1946年夏天，南京高等法院检察署以汉奸罪起诉周作人，律师王龙对周作人颇具同情，且念同学之谊，出为义务辩护，而对嫌怨有所不辞。

辩护书首先说他“沦陷期中，受命留平，保持校产，虚与委蛇，抵抗奴化”，是为定性。又道其尴尬处境：“丧乱中得知堂之援，而苟活以有今日之显达者，亦多不敢复援知堂。”这就是王龙出场的背景。

他的辩词关键之处：

…… ……

从一个故事说起。园丁老周，是五世同堂、荒园老屋的故仆。他尽了半生的筋力，流了不知几许的汗，把主人的荒芜园地里种了很多花木，收了很多果实，还牧着一群可爱的羔羊。某一年大盗来了，守门的退了，主人临走时匆匆托付手无寸铁、囊无分文的老周说：“你要看在往日的情分，替我保守这前人遗泽的产业。”老周忍泪送别说：

"只要老命活着，主人一切放心。"在这大盗盘踞的悠久岁月中，老周心中牢记着主人重托之言，忍辱负重，听他呼牛呼马，为奴为仆，贵之贱之，受骂受打，总是鞠躬尽瘁，降志辱身，万死不辞。有几个同事的忠仆被盗捕获将欲加害，老周皆一一设法为之缓颊得全性命。好不容易眼巴巴地守候了将近十年，寇退主人返，看看全部家产、账册、宗谱一点没有损失，看看一群迷途的羔羊仍能回到母羊的怀抱，而不曾认贼作父，主人点头微笑，老周顿忘了十年苦楚。老周除吃一碗苦茶外，还是家徒四壁。这时左右一般太平归来、三头六臂、聪明伶俐、趋吉避凶、打落水狗的人们七嘴八舌地说："老周不是好人，赶快送进衙门，他既未打退强盗，又未远走天涯。强盗喊他周老大，他岂不是尊大了？喊他周老官，他岂不成了官吗？他是通敌，他是奸细，他是应当吃官司。"大家听了，谁也不敢多嘴说不是，恐怕血口喷人，惹祸上身。老周放下了手中一杯苦茶，抬起头来看了看青天白日，向主人黯然道别，就捕下狱。于是众口同词，老周的姓名上增添了"巨奸"、"大逆"许多头衔，只有他的妻儿，狂呼着冤枉，还有他的知友，深切地怀疑。

王龙接下来的辩护举林肯、颜之推、太戈尔（泰戈尔）、爱思坦（爱因斯坦）等人言论行止来反证当时教育并未奴化；再引教育部长朱家骅的报章公开言论为证："朱教长勖勉各教职员说，今日证明华北奴化教育整个失败，其功当归诸于各位教职员先生的身上。"行政院秘书长蒋梦麟复首都高院函，以证保存北大校产的现实状况。"复员后点查本校校产及书籍，并无损失，且稍有增加，附校产及书籍增加清单。"

北大校长胡适、教授俞平伯等十四位人士为周作证："曾有维护文教、消极抵抗之实绩。周作人系从事新文化运动有功之人，其参加伪组织并非其真实心愿。”周作人曾极力营救文教及地下工作人员，也出场为其作证。

结论：“周作人为保全北大校产受命于危难之际，临难不敢苟免，既无寸铁，又无三军，虚与委蛇，降志辱身。……综其生平，恬淡无竞，开文艺之先河，明儒者之正统，至于希腊文学，更如广陵散矣，所愿为国惜才，放归山阴故里，俾得从容著作，恭颂天下太平。”

辩护词写到如此程度，端的是叹为观止了：一者文学性强，入了正题，有好作品的感染力；二者和事实紧密依托，说理透彻。辩护词的前半，老屋故仆的譬喻是关键。经典、形象、生动有趣中大有苦涩的意味。其说服力是靠调动读者感性来起作用的方式，使听者获得自行发挥的空间，层层铺展；但也有类比推理的意味。

史上司马迁为李陵辩护，惹来大祸临头。别将李陵远征袭击匈奴被俘，当时朝中官员多察言观色，见风使舵。先前称赞李陵英勇者，风向一转，附和汉武帝。司马迁则就事实为李陵辩护，先从李陵的为人、孝顺、信义，视部队如己出讲起，言其乃真国士；再说他孤军深入，也算尽责。其所不死，想来必有所将报答于汉室。

司马迁所辩，有些是常识问题。常识的重要就是无须为其辩护，所有的事情都是理所当然的，由常识推导出深刻的道理；但也因此触怒当道而引火烧身。

在这精妙的辩护词中，王先生已将道理说得淋漓尽致，甚至说到极限，虽无大助，却也略有小补。周氏处徒刑终由十四年改为十年。周作人依然对判决不服，但也无济于事，被押往老虎桥监狱服刑。

周的悲剧，一是强权之下，那稀泥般的强权，对社会的个体，松紧度大不一样，处处漏洞，了无头绪；二是关系裙带社会，对人对事，充满双重标准多重标准，或竟无任何标准，只是随心所欲。如此惩治汉奸，方方面面都不能服人。大汉奸则因种种关系逸脱，或经验关系得法，或手握部队，于是摇身一变，人五人六，风光八面。这种情况之下，生产汉奸的土壤依旧存在，只要一有风吹草动，他们就会应运而生。周作人这样的老书生，就成了他们的“化外之民”，声援受阻。所以为他的辩护，自然就很重要了。

当时对汉奸的惩罚，处于一种“设计对白”中，引发各方怨怼，遂在情理之中。汉奸中人，一种是因胆怯贪婪而率先软化，一种是双重标准的受害者。那些早就预备琵琶别抱的登徒子，政治骚胸全裸的浑球儿，反而如鱼得水。

乱世政治不上轨道，民生孔急憔悴，还是一言难尽。所以就算是支配社会的天经地义的道理，都会被弃置不顾。此际，深明大义者，直可称之为圣徒；息心忘机者，也算大贤。

专制社会，总是摧残士类，无所不用其极；侵略者的心术，为着控制人民思想，也向知识阶层发动毁伤之战。在乱世中，随波逐流的知识分子，为求出路而附敌，除极端丧心病狂者外，大多在人格上就矮下半截。就算他们本心不干坏事，事实上也无劣迹，但在道德上却无法站稳脚跟，这是在审讯的详细问答之间不难窥测出来的。而王龙的辩护，只想辩冤，决不像某些依附者竟有转欲邀功的念头；所以他的这篇辩词，很有水平，也很可一读。

《审讯汪伪汉奸笔录》，凤凰出版社，2004 年版。

由着性子来

清末民初的文武之间，距离和分野的痕迹都不大明显，有的武人文采甚佳；相当数量的文人，也时时保有武装行事的气质。

那时候的人，在行为方式上，就很少有忍气吞声的。

佯狂弄世中，他们甚至可以说携带相当分量的暴力倾向。

杨笃生北京骑毛驴看书骂人，连死都是由着性子来。《南社诗话》判断："湖南志士好自杀，而自杀尤好沉水。"譬如陈天华、姚宏业、杨笃生等，皆然。笃生遗书给吴稚晖："有生无乐，得死为佳。"说得透辟、简洁，无以复加。1911 年 8 月初，他在英国利物浦海口投大西洋死。陈天华则在孙中山和黄兴面前，有时无端地就大哭起来。他在日本海滨投海。

章太炎本已自承为疯病，但他更指康有为病狂之极。他给谭献写信，说康有为想当比皇帝还厉害的教皇，康有为的目光直而亮，狂悖滋甚，分明是精神病的症状。

还是在戊戌变法之前的《时务报》时代，章太炎参与康、梁办报。很快矛盾就起来了，根子当然在学术思想的歧异。此前谭嗣同也来，并形容梁启超即贾长沙、章太炎为司马相如，没有提到章的朋友麦仲华。麦很不高兴，先是写文章斥骂，再是当面不愉快，再就打起来了。因章骂康派为教匪，而对方回骂他为陋儒小狗，康派的梁作霖就说，当初在广东的时候，有个孝廉骂我们康先生，就在大庭广众之下，不是被我们打惨了吗？打！由梁启超等带队，一伙人来到《时务报》，咆哮叫唤，一番拳脚，砸向章太炎和麦仲华。章也不示弱，予以反击。章太炎的《自订年谱》说那些人来打架，未说梁启超亲与。但据金宏达的《太炎先生》一书说，梁启超还挨了章太炎的一耳光。此事发生后，章太炎便离开上海，移师杭州，为的是康梁仗势欺人，恐怕又要打起来。

章氏性格简诞狷狂，惹了他还得了吗？他好谈政治，好作幻想大言，多不切于实际，所以常常做出令“高级食肉动物”极端头痛和难以收场的事情。袁世凯其势方炽时，他给袁写信，口气好像训斥孙子似的；末了居然说“书此达意，于三日内答复”。章先生对同一阵营也骂，骂吴敬恒“善钳尔口，勿令舔痈；善补尔瘘，勿令后穿”等语，形容刻骨，诙谐抵于恶毒。有一次，竟骂蔡元培为法国人，非中国人。

事实上章先生一生是不甘寂寞的。民国肇建，钟情军阀如吴佩孚和孙传芳，动辄发通电表示政治见解。1914 年春，他被袁世凯骗到北京，陆军执法处长陆建章派宪兵监视。章先生得知，遂操手杖挥打，宪兵逃窜，章曰：“袁狗被吾逐去也。”他长时羁滞北京，等于无形监狱，意志郁郁。一次，他约见袁世凯，久不见其人，大怒，挥杖击毁招待室器物，扫数以尽；且跳脚大骂。他到街上吃饭，以花生米佐酒，去花生蒂时，大声说：“杀了袁皇帝头也。”其事杂见于刘成禺《洪宪纪事诗本事簿注》。疯、癫、狂、痴，倒也加深了他的思想的味道。这个恣睢放纵、豪气干云的“民国之祢衡”！

清末老中国儿女的精神岁月，最需要青年的激烈来修葺滋长。党人多激烈，党人中亦多青年心理及生理上的青年。失却了这种激烈的青年，则一切专制极权真可以万世长存，桀纣就不用出奔和自焚了。叶圣陶论中年人的生活方式，对其老成安详，圣人样地搭起架子，颇多惋惜和哀怒："一个堪为士则世范的中年人的完成，便是一个天真活泼爽直矫健青年的毁灭。"（《未厌居习作·中年人》，1939 年版）"青年"的内涵，正容纳生命热烈真实的意义在里头。1907 年梁启超赴日本东京演讲，观者逾千人。梁氏开讲方谓："我国必须立宪，现在朝廷下诏立宪，诸君应当欢欣鼓舞……"话音未毕，宋教仁、仇鳌、张继等同盟会员四百余人起立，张继且高叫："马鹿！狗屁，打！"挥杖欲击。梁启超无奈，望后门疾走逸脱。接着宋教仁上台宣示革命宗旨，全场掌声雷动。（《辛亥革命回忆录》，卷一，第 442 页：中华书局，1961 年版）其后《新民丛报》已呈一蹶不振之势。从直观的意义上说，亦可谓是"青年"对"中年"的胜利。这颇合但丁老师维其略的"避开惰性说"——设若精神不随肉体堕落，则可望越过一切困厄险阻。（《神曲·地狱篇》，第 24 节）

同盟会的学者，奔走革命，浪迹四海，荆棘载途，备尝困厄。然其一番率性的行止，往往不请自来。

雷昭性的文章看其标题就知其是由着性子来——《英雄乎奸雄乎》《激烈和平不可偏废》《咄咄狗党之毒心》……1912 年年初，雷氏奔赴临时大总统府秘书处就职，但他极端嫌恶南北议和的气氛。他看不起袁世凯，曾著文《咄咄袁奴有何总统资格》。等到以袁代孙的大局已定，他一怒之下，飘然而去，深入杭州孤山问梅去矣。刺杀五大臣的吴樾，他的朋友赵声，乃新军中的革命党，其诗《双擎白眼看天下》，直承白眼看鸡虫的路数而来，特别形象地表达了他们那一番由着性子来的心曲。

苏曼殊，他的诗歌以及其浅近的文言小说，描述青年男女的爱情悲剧，真是哀感顽艳到极点。他一度还研习兵法，练习手枪射击和炸弹技术，准备参与武力起事。他也曾提起手枪扬言要刺杀清廷官吏。刘文典是刘师培、苏曼殊的学生，他后来行事，也都是典型的由着性子来。

抗战军兴之前，张学良丧师失地。马君武先生写了“赵四风流朱五狂，翩翩胡蝶最当行。美人窝是英雄冢，那管东师入沈阳”那首传播一时的讽刺诗。

今天有人撰文说，此事涉及侵犯个人名誉权：照现在的行情，张学良、赵四小姐、胡蝶小姐等人是肯定要状告马君武的。这场官司打定了。法院不但要马君武在各种媒体上公开道歉，肯定还要他付出一笔不菲的精神损失费。而且，张学良当时位高权重，而马君武仅仅是广西大学的校长；如果张学良真要修理修理马君武一番，恐怕也并不困难。

这说法荒谬到令人喷饭。马是同盟会元老，后为避清廷缉捕，一度流亡德国；辛亥革命后，任南京临时政府实业部次长、北京临时执政府司法总长、教育总长、广西省长等职，1926 年任广西大学校长。他曾经是孙中山的秘书长、同盟会章程八位起草者之一，同盟会广西分会会长。其地位的比配，全然不是上文所说那么一回事。当年，张学良的爸爸还虔诚地想去给孙中山当卫队队长呢，学良要想修理马君武，不是“不困难”，而是相当困难，不敢也不能！况张氏为当时全国舆论叱骂中心。他要起诉，真成了一个笑话。

其实，马先生就是由着性子写诗。民国前十年，在日本，梁启超、章太炎等组织反清复明纪念会，日本当局威吓，梁启超等纷纷退出，马君武乃最后的坚持者。民初，他怀疑宋教仁倒向袁世凯。在南京临时大总统府，他对宋教仁大加质询，而宋先打他脸颊。马君武大怒，奋起还击，重伤其眼睛。“宋以是质马，而亟批其左颊，马还击，伤宋目。宋入病院，旬日始愈。”（《胡汉民自传》）1917 年年初，在国会讨论对德宣战的会上，马君武等人为反战反独裁之中坚，但政学系骨干李肇甫却赞成对德宣战。马君武大怒："放狗屁！”说罢举杖击打李肇甫。

早期同盟会居留日本的时候，苏曼殊天真，而马君武较真。一次论诗，马君武为苏所屈，“转羞为怒，急起，奋拳欲殴曼殊，曼殊茫然。杨沧伯起而排解，始已”（《南社诗话》）。

晚清时节，中国实力已落后日本，但文化人的精神尚相当充实。这绝不是什么精神胜利法，而是学术传承、精神光辉的底蕴深厚。所以平江不肖生的《留东外史》，写那批留学的知识分子对日本人喊打喊杀，对其教训敲打，或者拔剑雄视，纵谈天下之事，都来得那么自然真实，绝不像民国后期军政界亲日派的畏日如虎。学者文人们胆气干云，叫骂打架随心所欲。事势迫之，不得不然，说到底为时代环境所许可。像章太炎的蛮闹，袁的姿态虚伪总还摆得蛮高，只以淡然的口气说："彼一疯子，我何必与之认真也！”仿佛在显摆他袁世凯的肚量，实则关键在环境的制约，使其不得不有所顾忌。辛亥元戎学者们的后面有会党的强大精神奥援。倘若章太炎是一无派无援的书生，恐怕就没有他这些真实的演出了。不同的派别在吞吐，在融会，在抵消，在交错制衡，即大有牵制的效果，而非一个领袖一个主义定于一尊。所以一肚子的不合时宜不择地而喷涌。他们桀骜不驯、才气横发；他们气焰颇炽、吐落肝肺。试想在格别乌（克格勃）那样的机制当中，在盖世太保肆虐的社会气氛里面，在齐奥塞斯库的军警监控之下……刻意的折磨，令人生不如死，然后粉碎阁下的信念和意志，消灭信仰；如不放弃，予以毁灭性地打击，直到生命最终消失。那么，阁下的肉体皮囊或许都不知何处去了，还有什么自由思想，又哪来酣畅淋漓的使酒骂座呢？

其后数十年，近百年的时间里，因特殊的时代气候，“性子”这个东西，只在极个别的人身上发作；在亿万臣民那里，则扫数以灭。当然也有极罕见的例外。沙予的《依然一寸结千思》，回忆干校时期的钱锺书先生，在那气氛酷烈的运动中，钱锺书先生表现出对受害者的极大同情和置一己利害而不顾的大无畏气概。年轻的研究人员放心不下刚刚出生的孩子，情绪沮丧。钱先生安慰他，说如万一有意外，他会托人把孩子养起来；年轻人极为震惊。沙予说——

当时，栾贵明兄和我，也被打成“五一六分子”，而钱先生对我们的关爱，更胜往常。每次买西瓜，他总是嘱贵明兄代买，买回后切成两半，两人坐着共享……但两人并坐共享，无疑会被视为明目张胆的反革命串联。孟繁林兄出于对我的同情，每次买瓜总与我并坐分享。当然遭到军宣队警告。

但钱先生对此置若罔闻。那时我们借宿明港驻军一兵营内，一个大房间住了好几十个人。一日三餐从食堂领回饭菜后，大家多搬着可折叠的小帆布椅（俗称马扎），坐在各自的床前吃。钱先生的床位在最东头，我则睡在西头。钱先生每次打开他家人从北京寄来的熟食罐头，自己留下一半，端着另一半，在众目睽睽之下，穿越许多床位，送来让我共享。我明知长者之赐却之不恭，但又担心他会为此受到连累，故不止一次对他说：钱先生，我的饭菜已足够足够的了，您留着自己吃吧。但他总是答以含蓄的微笑，放下罐头就走。

如此大丈夫胸襟，如此坦荡与磊落，不在乎时世的如磐晦暗，不为物议的自由精神，何等豪迈奔放，何等情味深永，直教人看得情难自已，恨不能飞入书中，与此豪杰浮三大白！钱锺书先生，正是所谓古之仁者、古之君子、古之士，浩然正气，一种宽阔磊落的胸怀，一种义无反顾蔑视宵小的气概。在先生的著作中，密布追求真理、不畏权势、不媚时俗的论断，正是那个时代所奇缺的珍稀的自由思想。在他的著作中，绝无对专制极权的半点阿谀畏缩，绝无半点甚至是违心的趋炎附势，更没有搭错车似的与强权蜜月的梦寐和蒙昧。这一点，当时的智识者经得起挑剔的，凤毛麟角而已。就先生著作布局的经纬而言，同样是做了前无古人的超越，其博大精深、立体融贯，为市井侏儒从未见过。刘晓波《我看钱锺书》谓："钱学研究界的智商等于零……读完《谈艺录》，里面除了东拉西扯和用牛角尖扎人外，不会给人任何智慧上的启迪……《管锥篇》压根就是有意卖弄，为读者设置人为的阅读障碍。"刘氏伧野粗犷，眼小面薄，搏噬鸱张，肆为诬谤之词，乃无识妄人之尤。其矮人观场的情形，正如古书《刘子》所说：二人评玉，一人曰好一人曰丑，久不能辨，夫玉有定型，而察之不同，非苟相反，瞳睛殊也。

甚至包括看书都是这样，钱锺书笃信也笃行书非借不能读的道理，他从资料室借得多还得快。某人参观他的书房后描述：他保持做读书笔记的习惯。钱先生有书就赶紧读，读了总做笔记，无数的书流进流出，家里没有大量藏书。钱锺书说：我不喜欢藏书，不断地处理书，虽然经常把看完的书送人，还是堆积得太多了。（吴泰昌：《我认识的钱锺书》）这当中，大对自由理念更深微地表达。

在那邪气盛行、戾气弥漫的时节，钱先生的作为，本于上苍，发乎道中，自上而下包揽人世，弥散纯正博大的人道精神和渊源在天的对生命、人性和良知的慈悲关切，这可说是辛亥时期自由心性的变种和转移。他由着性子，一路走来，“在众目睽睽之下，穿越许多床位”，像悬崖上的雪莲花一样，珍稀可贵，甚至令人初见之下，不敢置信。他以稀有的大智大勇，开辟解脱黑暗枷锁的道路，诉诸人的天性和良知。

乐观、坦诚、谦和，保有铮铮铁骨，在万马齐喑的肃杀中绽放自由的奇葩。这是一个指标，一种伟岸的道德感召力，正是后人向他表达敬意和感铭的根本所在。

《腊后春前》的感应和信念

张林岚老先生回忆录《腊后春前》(上海百家出版社)，出版已有一些时间了。反复拜读，观其精神超越与情感转折的心路历程，每每生发无尽喟叹和怀想。

他叙述的方法，平稳而浩荡，信息相当的密集，像一条集聚文化生命的链条，蕴涵着大时代接踵而来的事件，成为有关后人的潜在线索。相对它的厚重的分量而言，全书可谓高速慢镜的显示，拉开巨幅长卷。

全书煌煌十六章，在笔者看来，可分三大部分，也即社会的三大拐点。其一，浙江浦江的青少年时代，近代以降的社会动荡无序，仅从其童年生活的细节里头也可看出，天下必不安稳，必有大事发生；其二，从军从业后的辗转迁徙、陪都重庆时代，流落、教书、办报的经历，发生在庞大而孱弱的大国抗战时期，斑斑可见人命危浅的情状跃然纸上;其三,社会结构彻底改变后的20世纪下半叶，知识分子在现实中的矮化、钝化、弱化的心路，另一部分人的左化、僵化、奴化的过程。实则还可更直截分为两个部分，即两个历史捩转时期：一是中年以前的漫长的战乱时期，一是社会变异的运动时期。

林岚先生幼少时代，所处社会为低效涣散的组织结构，内患外忧合击之下，社会各阶层都在寻求出路或突破；然而盲动和歧路窥伺着、等待着，无数的人遂为偶然性所左右了，陷入人生的乖戾和悖论……

他的记述，真实为其血肉，厚道为其底色，而感悟为其氛围。新闻界数十年从业经历构成，置身现当代史各阶段的风口浪尖，世事板荡，朔风劲峭，那一代人的坎坷蹭蹬，仿佛从天而降的历史玩笑，令他们身不由己，弥漫着风雪满头的滋味。张公以见证人的身份，参与者的心路历程，提供很多线索，记述许多重要事件。主动方面的，是青年时期的改变国族命运的理想，很快就挣扎在自我命运不能决定的时代的旋涡里面，异变为集体的被动、群体的悲剧、个体的无奈……

在这一头绪繁多、丰饶多维的叙述链条上，无不有痛切深刻的反思，像及时的空降伞兵，随时与地面相配合，从而表现所承受的生活容量与历史厚度，沉甸甸的，令人踯躅不已。

1938 年秋，他和一班少年同学，长途跋涉，经浙、赣、鄂、豫、陇，抵达西安，参加了战时干部训练团，拟寻机奔赴延安，求自由进步，因当政阻挠未能如愿。1945 年年初他因了一个机缘，乃由自贡赴重庆供职，此后在《新民报》(《新民晚报》) 一干就是六十余年。“山河风景原无异，城郭人民半已非”，历史的吊诡、偶然性的捉弄，遂令人生在大起大落大悲大喜中不由自主地沉浮。

老先生书中一系列耳熟能详的人物，他们的命运，报人的身份，在现代史上的独特而尴尬的地位，委实也是几代中国人的缩影，观之甚觉牵及己身。那些文字，仿佛一把将人揪住，动弹不得，密植的是欷歔不已、喟叹不已、张老的记述，则使我们看到他们的作品的样貌，更看到他们的生存的态势、衣食住行、喜怒哀乐、家世背景、社会交往、编辑观念的冲撞……一种作为背景的珍贵的原始记录，还有当时各大名报的应世风格及形成原因；而《新民报》的创办初衷和编辑方针，日常的运作方式，则极具启发参考价值。至于人物性格，处处点染野史似的趣味描述，却保有第一手当场记录的真实性。陈铭德、邓悸惺、张恨水、赵超构、张友鸾、张慧剑、程大千、罗承烈、郑拾风、石西民、叶以群、罗隆基、浦熙修、彭子冈，等等，他们的连环出现，神情仪态，斑斑可感，仿佛就在目前，就在昨天。其中，大千先生的作品我读得如痴如醉，近年曾向出版社力荐重版；恨水先生呢，我写他的论文刊在《光明日报》，为先生后人推重，全文引入传记；郑拾风先生则是我 20 世纪 80 年代中期参加工作时所办副刊的赐稿者，有幸亲炙过他多篇手稿。今读张先生的切近描述，别有一番滋味在心头。

在一种大时代的背景之下，作者的全书的叙述可以揣摩出——社会史，风云变幻;文化史，迭遭损毁;新闻事业发展史，导入盲区。知识青年一再被动，人生航道一再紧缩的可惊轨迹。张老不特是记录者，更是思考者。他的貌似平静的记录文字之下，埋藏着愿景一如既往的深深的忧患，和他郁勃激越的灵魂。

林岚老先生以“一张”为笔名，自 1945 年起，长期在《新民报》（重庆和上海的日报和晚报）工作，历任编辑、记者、文艺部主任、编委；1982 年《新民晚报》复刊后，任编委、副总编辑。作品结集《月下小品》《月下霜天》《月下三叹》《飞入寻常百姓家——新民晚报史》《赵超构传》等多部。现居上海，为中国新闻界硕果仅存的前辈。

他的书中，举凡办报理念，一代文化人谋生的艰辛苦楚，时代回旋与冲撞，与旧中国新闻检查持续的抗争，现代史上诸多政经、文化人物史事发生的渊源、情状、流向……其丰厚内涵，可以分解成无数的专题、事件来解析、来论述，从而为历史、为时代做佐证、旁证、补证、疏证……远非笔者一则小文可尽其纷纭精彩。正如老先生书中的感慨——

“许多新闻在我们笔下奔流过去，成为历史……历史虽然总是在弯弯曲曲、跌跌撞撞中发展，但总是不断进步的……”

民国以来的离奇失踪案

民国以来有许多怪怪奇奇的失踪案子，说起来每令人难以置信。

抗战前期，中国军方布置了一批谍报人员，在敌后从事秘密工作。其中，就有女战士何若梅。她的身世资料很少，只知道她当时正值豆蔻年华，明丽照人。我们可在近年刊行的抗战历史图片集中，清楚地看到她的英姿。她因在上海郊区成功营救四名坠机美军飞行员，被日寇捕获，鞭笞、灌肠、老虎凳……受尽酷刑；后来战争形势转圜，得以释放，已经气息奄奄，住在医院里面救治。美军的高级长官魏得迈、斯特来斯迈耶（陈纳德的朋友）将军都去看望过她。

她的丈夫就是在战争初起时失踪的。她的侄子 2005 年写文章回忆说，何若梅的姐姐，就是他八十三岁的老母亲看到照片，老泪纵横，泣不成声。“二十岁时（1936 年），何若梅回镇江筹备结婚，未婚夫范喜林是西安交通银行一职员。在举行婚礼的当天下午，范先生接到一个从火车站打来的电话，说有一外地好友来贺喜，请他去火车站接。他和我姨母说清情况后，乘车往火车站接人。晚上所有宾客坐满宴席，新娘焦急地等待新郎的到来，至深夜仍未见回，宾客们预感到事情奇怪陆续离席，可怜我的姨母通夜未眠，坐等到天明，丈夫仍未回来。亲友们四处打听、登报寻人、到警局报案等等，都没有消息，人永远地失踪了。这次不幸的事情发生后，何若梅重返上海，一直在上海从事秘密的抗日活动。”（《中国文化报》，2001年12月14日）

这可以说是最离奇的失踪事件了，毫无线索，也毫无结果，甚至没有一点渺茫的希望——譬如说事前的因由和迹象。

同样离奇的是费巩的失踪。

抗战期间，浙江大学西迁至贵州遵义，该校名教授费巩1945年春从遵义赴重庆讲学交流，一天在千厮门码头搭船前往北碚。候船时，陪伴他的学生离开买早餐，顷刻回来，费巩就不见踪影，遍呼无应。沿江搜寻，也不见尸首；况周围有人，即使失足落水，也当有见。后来怀疑是特务暗杀，或者密捕，但军统矢口否认；又怀疑是中统、卫戍司令部、宪兵司令部……知识界群情激愤。但即使在国际压力下，美军专人督察此事，美国警界名探介入，然而两个多月时间里，集中人力从重庆找到遵义，又核对了所有打捞的无名尸首，也查无实据。解放后对特务的审讯也无结果。特工大员，如沈醉等所撰写的回忆录，也认为此事蹊跷得很。一个身体健康状况良好的中年大学教授，就这样活不见人、死不见尸地无端消失了。多年后比这更大的案子也都解密告破了，唯此事则隐秘不彰，真是怪哉。新近出版的美国学者魏斐德的《间谍王——戴笠与中国特工》一书，对此事也有专门的章节探讨。他查阅了有关的权威档案、回忆录，也只能证明是一个谜。

“数十位曾留学英、美的教授联名致信美军远东战区参谋长魏德迈，要求查清此事。魏德迈把此事交给中美合作所美方负责人梅乐斯办理。梅乐斯派中美合作所中一位纽约名探克拉克少校查办。戴笠则安排了沈醉协助，并嘱咐沈醉，如发现了可靠线索一定要先行把费巩弄到手中，不能让克拉克把人弄去……戴笠说：我们没有抓费巩，你不是不清楚，怎么会提到这个问题？此事后来仍然没有查出结果。”（沈醉：《军统内幕》：中国文史出版社）

后来辗转知道结果的，是名作家郁达夫的失踪。

抗战甫胜，在苏门答腊的郁达夫却销声匿迹了。1945 年 8 月末，有青年操马来语，来他府上请出门商谈事情。家人等了一天一夜，也不见他回来，当然永远也没有等到。但其失踪的真相，较费巩案幸运一些的是，三十多年后，在多方的艰难调查取证下，认定郁达夫系为日本宪兵秘密杀害。

日本学者铃木正夫并于 1985 年 9 月 9 日，在新干线某车站咖啡厅，迫使仍在世的凶手亲口说出了杀害郁达夫的真相。郁公抗日意志坚决，且又掌握诸多日军暴行。日寇害怕战后他在国际法庭上作证。将他骗出家门后，几个日本宪兵将他逮到偏僻地方，虎扑狼咬般残忍扼杀了。

蹊跷的失踪案在“文革”时期落到储安平先生身上。

1966 年 10 月，备受迫害折磨的储安平先生数日不见，这才惊动了“革命群众”和管制者。在此之前，他因不堪忍受非人的蹂躏，已经自杀过一次。但这次失踪后，公安部门建立专门的调查组，在全国范围内四处搜寻，也全无踪影。如果活着他能躲到哪里？倘若自杀，真能化为云烟吗？一个大活人，就这样烟消云散，这是浩劫年月的万千悲剧中的一种。在健全有序的社会，即使发生了恶性刑事案子，有人“彻底”失踪了——像美国一妇女被其夫锯为粉末，抛撒湖泊中，真所谓消失得干干净净，上哪去找啊？然而美籍华人神探李昌钰就有本事把她“找”回来——缜密地不可思议地复活蛛丝马迹，把事实找回来。储先生身受极度的奇耻大辱，其滋味令人不敢想象。近年有人著书，言之凿凿，说是有人在江南某寺院里面见过储先生，已是九十多岁。问之，笑而不答，且走而避之。这是好心人的合理虚构。时间、地点、人物，全是模糊不清，像雾中花，虚无缥缈；似可捉摸，全难坐实。

更有吴祖光先生撰文，说某人在美国的大街上，见到一老者，原来就是储安平，乃以老友身份急趋牵衣而呼之，那人乃决然甩脱牵手，望前疾走，倏忽间不见了踪影，留下呼者在原地瞠目结舌。这同样是一个美丽的传奇，令人悬心吊胆，长喟深憾，读来真觉荒唐言中夹杂大把的辛酸泪水！端的是：“都云作者痴，谁解其中味？”

这和费巩失踪后的情形有类似的影子。据沈醉回忆，重庆卫戍司令部曾经接到署名浙江大学学生的告密信，“说他亲自见到失踪的费巩教授在巫山县过渡，费师身穿和尚装束，经他认出后叮嘱他不可对人声张，因他看破了红尘，决心出家，要这个学生一定要守秘密”。这些人因为要向美国交代，真的派遣干员前往巫山寻找。沈醉本人也会同美军人员再次前往，“遍历巫山十二峰，寻访了几十个大小庙宇，仍旧找不到一个可能是费巩的和尚。我们在巫山渡口住了两天，留心观察渡河的来往行人，也没有看到这位教授来过，才扫兴而回。”依照沈醉的智力和经验，恐怕他遍历巫山十二峰，寻访庙宇几十个，偷得浮生多日闲暇，风景倒观赏不少。因为像费教授，他没有如此出家的理由；而后来的储安平，在当时的森严壁垒中、在天罗地网中，他也绝没有孙悟空翻跟斗升空遁地的本事。这些美好幽咽的新编传说故事，也都是好心人为人们的好奇与叹惋，找一个画饼般的出气的通道罢了。

仙鹤其形，野雉其实

萨孟武《中年时代》回忆国民参政会那一节，说到参政员的与会情形，不少人有上乘表现，但也有可笑的。他以为最讨厌的就是那所谓的六君子。“罗隆基本来只想在考试院内做一科长，因为目的不达，就在上海创办《新月杂志》，以攻击国民党为事，终而成名。”他的文中还提到沈钧儒，穿长袍，执纸扇，讲话声音很小，又无内容，“其状有似冬烘先生”。

罗隆基这种人呢，也可怜，也可恶。

为什么呢？生于悲剧时代，更兼悲剧性格，不特影响社会，即对其个人，也是蹭蹬坎坷，处处都触霉头。

本来在民主国，想当行政官员，上至总统，下至州长市长……皆无不可；而在以愚民为事、民智蔽塞的专制国，为官乃攫利之具，正人君子有所不取。罗隆基等人处乱世，乃以做官、做大官为鹄的。求官于官方不遂，转而押宝于另一方。此固时代共有之悲剧，却也有个人心性难以逆转的缺陷。同是在这个参政会上，还有中西医之争。萨先生说，其实不必，各有各的优长。中医把人的气质分为金木水火土，有似西医把人的血型分为四种。这也可以借来说明性格影响人生的关系了。

西方行政官员，如欲得遂做官之愿望，须对选民负责，决定他命运的是选票，而非长官意志或个人攀附。与此相反的机制里面，那就要押宝观风、见风使舵，也就是说他必须投机取巧才能往上攀缘。一旦沦于投机的地步，他的意志和思想，都随之变换形状，如软泥一般，随便拿捏，除了个人的目的、金钱和名位，国计民生不可能在其考量之内。这种情形之下，和他的投机同类的庞大人群，乃构成其命途的随时的威胁，矛盾激化就成大型运动。其间纠葛多多，矛盾重重；决战之际，或一蹶不振，或身败名裂，甚至肝脑涂地身首异处，任人宰割，如此悲惨的命运也就不是他们所能羁控的了。其致命弱点仍是缺乏真正的自由精神、独立人格，重依附，重投机，于是不免命运的捉弄。在乱世的权力文化烂泥坑里翻滚，这批沐浴过西风的仙鹤也未能免俗。

他的后半生到了《最后的贵族》里面，果然吃亏只为强出头，以部长之尊，直线下滑，沦于贱民，际遇之惨，令人欷歔。然而就在对他同情的同时，却也免不了嫌恶。乃因投机取巧的性格，业已置换为一种基因，融会在他的血液中，离可敬可爱越来越远。

罗隆基上世纪 50 年代写有办报回忆录。在上世纪 30 年代初期，还在天津办《益世报》，他突然就主张对日作战。其文《枪口对外，不可对内》哄传一时。他的观点就和当时的《独立评论》那一批知识分子不同，全不考虑策略和转圜的余地。盖当时军队和武器等硬件都极端落后，而地方割据的情形，使中枢难以利用全国资源；仓促应战，实自取灭亡。但罗氏这一类人全然不管不顾，口号震天响，目的乃是火中取栗。结果最不爱国的企图以最爱国的面目出现，所谓真风告逝，大伪斯兴，几乎渗透人身成了国民性了。

钱锺书先生的名作《猫》，写了几个文化界的时髦人物，其中袁友春乃林语堂，曹世昌即沈从文，陆伯麟影射周作人，而马用中就指的是罗隆基了。小说中他是一个政论家，喜欢就时事暗示或预言。他名气大，口气也大。在私人沙龙里面，“你觉得他不是政论家，简直是政治家，不但能谈国内外的政情，并且讲来活像就是举足轻重的个中人，仿佛天文台上的气象预测者说，刮风或下雨自己都做得主一样……”其不甘寂寞、热衷显摆的神态跃然而出。

老报人张林岚先生的回忆录《腊春前后》，说到抗战甫胜，在重庆的时候，美女名记蒲熙修，她“身材颀长，端庄清雅，笑靥上有一对酒窝，很是妩媚而性格豪爽”。她对罗隆基情有独钟，认为罗的口才好，中英文都很行，下笔千言，她不讳言她的倾倒，“风度也是没得说的”……浦熙修的迷恋，实在可说是看走了眼。一者罗的政论空洞而欠踏实，文笔也很枝蔓，精彩之处久觅不得；一者看他的照片，神情也是充溢无端的自大做作，总之人与文的趣味都不高。当时重庆文界对其评价“才高于学，学高于品”，委实入木三分，字字点中他的痛穴。

吴宓先生在“文革”中大受冲击打压，身心颇遭巨创。他 1961 年 8 月 30 日的日记写着:“我辈本此信仰，虽危行言殆，但屹立不动，决不从时俗为转移；彼趋时之先进人士，其逢迎贪鄙之青苔，殊可鄙也！”说的就是这班跳来跳去、不甘寂寞终被玩弄的“时贤”。

萨孟武 :《中年时代》: 广西师范大学出版社，2005 年版。

民权声音之回响

20世纪三四十年代，王造时、储安平等对国政的不上轨道，民主的遥遥无期颇多泣血之呼、痛心疾首之语。

除此纯知识分子对民主的吁求以外，军政界大佬、名人也有极具眼光者，于民主的重要性、迫切性说到点子上，而成万古不磨之论。

李烈钧先生1933年11月24日致蒋介石函，尝谓："南京设施鲜能适合团体，洽人民公意也。本党马上定天下，必欲于马上治之，天下人岂能尽戮？……斯时救济之法，仍以迅速解放人民言论、出版、集会、结社诸自由，使在法律、政治上受平等待遇，斯实为集智聚能安内攘外之根本要着。即国民党本身，亦不必迫之使离，强之使合，否则天下纷纷，何时定耶？"

五天后李烈钧先生在上海对报界发表公开谈话，仍重复强调这个意思，并进一步说："重视人民言论、与其应享之权利……使得自由组织政党、发抒智能……"如此，则中国未始无望，真正的"民国"，或可雄立于天地之间。惜乎专权者心胸狭隘，一意孤行，结果国事徒见治丝益棼、日暮途穷而已。

烈钧先生早年入同盟会，凡辛亥之役、二次革命、护国、护法，俱追随孙中山先生左右，屡建战功，深得中山信托倚重。每次他往谒孙先生，孙先生必起而迎之，以其读书极富、私德极佳，而谋国之忠、忧时之切，尤不负时代嘱托；是以获中山先生重视，而其言论与践行理想之功德也引致民众之爱戴与敬意。

《唐纵日记》的作者1949年去台湾，日记遗落大陆，1992年由公安部整理、群众出版社刊行问世。其中，也颇多有关民主宪政之通透认识。1941年1月20日记："我昨天和布雷先生说，社会在动了，青年们的苦闷和怨望，在无数事实中显示出来。"1944年2月22日记："各方有志青年，咸不满现状，抗战临结束，政府如勇敢接受人民不满之情绪而加以强烈之改革，则人心归于一统，而天下定，否则必有分裂而发生剧烈之变动。"1944年5月7日记国内民众情绪极不安，议论蜂起，是因为"一：生活困苦，烦恼充溢。二：风气日坏，贪污日多，政治弱点日益暴露。三：因委座之权力在形式上事务上日见集中，而在实质上（如对大员顾虑多而不能加以法律）日见降低"。

此类观察议论在其日记中数见之，可见当时中国，在民间与廊庙，对民主建设的认识，人心绝非一片漆黑。孙中山先生对民主民权的追求与承诺，在他去世后作为一种精神遗产散落分布，其势也并不见弱；惜乎机缘一失再失，恶劣的偶然因素一再发作，多次错过极为可贵的历史黄金时期，国政国体大骚动大流血而元气丧尽，距健康安宁日远，民族生命几陷绝境，与世界文明潮流之趋向更形隔膜。后来读史者，搁笔长叹，又能如何呢？

“鸳蝶派”之另一面

南社作家与同盟会，既像孪生，又为一物之两面，浑沦一体，同样是挽狂澜扶大厦的慷慨悲歌。而南社的基本社员，不少又是后来文学史称之为鸳鸯蝴蝶派的。略举其名氏如次：

西蕴章(西神)、林獬(宣樊)、许指严(国英)、柳亚子、胡怀琛(寄尘)、徐珂(仲可)、周瘦鹃、吴梅、吴虞、徐觉(枕亚)、包天笑、范烟桥、叶楚伧、黄节(晦闻)、周桂笙、胡朴安、高旭(天梅)、成舍我……

这当中，一半是所谓鸳鸯蝴蝶派。那不负责任的文学史，别有居心，把这派文人说得是卿卿我我，酸寒瘦弱，一副寒蛩不住鸣的样子，真是天大的误解。实则这派文人痛哭苍生，醉心自由民主，更兼参酌新学来认知中国文化，如宋教仁所言可为代表：“中国学问极佳，唯散见于各书中，未加整理耳！”(胡朴安：《南社诗话》)他们在学问方面博览旁搜，对古人的微言大义极深领略，诗文态度严肃激昂。新文学家叶圣陶、历史学家顾颉刚年轻时常在报上抄录这派文人的诗词文章，作为自己创作的范本。(顾颉刚：《我在辛亥革命时期的观感》)他们又不止于以诗文来推动革命的波澜。1910年周骏祥致书高旭，甚至提出由南社作家领先发动武装起义，并促其起草宣告独立之文。信中甚至分析了江淮以北、豫鲁徐陕荆襄一带军事地理形势，及行军速度及控制方法。他们深于国学，于泰西文史哲政等学问，多能直接阅读原文，修养全面，自铸伟词，别成一家，是崇尚英雄亦自成英雄的血性男儿。今人朝学执笔，夕且著书，以鸳鸯蝴蝶硬冠之，课堂教材，口吐笔述，尘羹土饭，强人脯啜。如此厚诬前贤，且误人子弟，倘不急改乖谬以归雅正，其遭报应之日，亦当不远！

柳亚子二十三岁时(1909年)与高天梅、陈巢南等创办南社，初起不过十余人，后竟衍蔓至一千多人，以文学倡导革命，犄角同盟会。南社社员年龄参差，出入很大，而革命的气息却是一贯的。曾握兵符者就有黄兴(克强)、于伯循(右任)、方声涛、冷御秋、陈英士(其美)等。他们的诗作，多慷慨激昂，满怀义愤，由义愤而转为行动者，亦所在多有，为文人革命的集大成团体。如苏曼殊在酒楼议论国事，击案大骂，虽为愁病交加的纯粹文人，而欲持手枪暗杀保皇派康有为，为人力劝方止。又如林之夏(凉笙)，豪情侠气，兼文武才，为南京讲武堂教官，为革命发展曾策划暗杀；阮梦桃，生平持民族主义，以文字宣传革命，更在淮南响应武昌起义，欲刺清吏，却为隐蔽之清吏诱杀，可谓壮志未酬身先死。

让大位、按手印及其他

一

孙中山让位于袁世凯，一出于他的心胸；一出于当时的形势。他顾念大局，以统一为要素，以道德为准绳，其心直可剖示天下。在他的心中，决无恋栈和弄权的半点私心。这与不学无术、自我膨胀、故弄玄虚的专制恋栈狂相比，是何等的高尚！

至于有人说，孙先生手中无军队，即无实力，不得不让位于袁世凯，则大谬。其一，如革命家、文论巨子雷昭性所说，倘若果有权力私心，难道不可以挟南方兵力相抗衡吗？即使不能直捣黄龙，难道割据天堑划江而治不可乎？然而这样就不免人民流血，荼毒生灵。又其一，孙先生让位以后，同盟会的年轻干部，有捶胸顿足者，有呼天抢地者，至有失落发疯者，即令在这样的情势下，他们对孙先生的举措仍表示理解——是一种痛苦的理解。倘非如此，他们就会重拾利器，奋起狙击袁世凯。只要孙先生点一点头，稍做示意，这样的志士会层出不穷，不惜流血五步，肝脑涂地，直至将其肉体消灭。因为孙先生为人以智慧和胸襟胜，从来不搞政治交易，具有强大的道德感召力。

可是袁世凯这样低贱的心智，怎么可能领会孙先生博大的胸怀度量，以及长远崇高的考虑呢？所以紧接着，袁世凯利用和局的形势，大肆徇私舞弊，专制误国，至复辟帝制，全国奋起声讨，觳觫暴毙，亦咎由自取也。先生的高蹈远引、逊位让权，竟被视为软弱，后世历史家也有持此论者，这就让人不可理喻了。

二

1913年“二次革命”失败后，中山先生潜往日本。1914年7月在此间成立中华革命党，确实发生了要求党员按指印、立誓约之事。

最近有人撰文甚至以为是专制的先声、一言堂的萌芽，这就偏离事实很远了。包括唐德刚先生都有这样的看法，这是很遗憾的。详见广西师大新出的唐德刚《袁氏当国》一书。而《杂文报》(2005年9月2日，刘吉同文)《孙中山辉煌生涯中的一处败笔》竟说:“孙中山对国民党的改造，带有强烈专制、独裁色彩，家长制、唯我独尊、愚昧政策、个人崇拜、无限权力、绝对服从、个人说了算……这些封建主义的东西”。

朋友，这就是胶柱鼓瑟，无限夸张了;危言耸听，无以复加了!半夜吃桃子，专拣软的捏吗？专制极权在近现代的中国有着深刻的国际背景，阁下了解吗？孙先生那样春风风人夏雨雨人的仁人先知，史上哪里去找？见风就是雨，这许多的狠词，阁下写来上瘾吗？

实情是，同盟会的干部，一部分学者气书生气太重。以欧美为师，非常正确，但也要看是不是时候。欧美的议会已经成熟成型，甚至可说是雷打不动。当时的中国呢，同盟会给袁世凯分化、瓦解。在广施糖衣炮弹的同时，也预备刺刀伺候。章太炎这样的革命元勋给袁世凯骗了，还敢于疯癫似的同人家乱闹，要分权，虽然是个笑话，但在背后，也有同盟会的实力在隐约地起作用，否则，哪有他那一番喘气式的表演呢？只怕连活命的空间都没有。在民主国家，政治及政治家的进退是由公民的选票来解决的。因为民主的主要功能，是为政治家们提供一种最有效的工具来解决他们之间的政治权利斗争，选票决定个人是否掌权。但是袁世凯不特限制选票，最后连议会都解散了，夫复何言？

誓约的中心内容是："为救中国危亡，拯民生困苦，愿牺牲一己之生命自由权利，附从孙先生再举革命。"这有啥紧张的嘛，您既选择此道，这一点约束都不能承受吗？

再者，孙先生的按手印，在那么一个特殊时期，同盟会涣散之风愈盛，分子复杂，官僚软化，黄兴也沮丧不已。连续给袁世凯所玩弄，相继败走，扶桑三岛遂为亡命客集中之地；为矫正之，按个手印，有什么呀！？可是我们的学者们，脾气大不说，还迂阔地要说法。一言不合，拂袖而去，孙先生也只好由他。大学者牵头的革命组织，有那么一点江湖气，其实是好事。比较中外革命史，像孙先生那样深邃仁厚的革命家，到哪里去找呢？

中山先生允文允武的人格气魄所来有自。他革命一生，荆棘载途，却如牛负重，两肩担起，未尝稍息。很多历史的关头，机会微渺得如同海底捞针，而先生总是不辞艰危，期达目的。尽管有的行动原系孤注一掷，胜负殊未可分；但是，如唐德刚教授撰写的《李宗仁回忆录》所赞："把握时机，不计个人成败，原为革命家的本分，加以中山先生气魄宏伟，敢作敢为，尤非常人所能及。"（第十三章）。

他坚信权力与责任同在，充分理解这一点的人，方不至成为权力狂。出于对生命价值的无条件关爱，他推崇非暴力运动，但绝不是无原则地守持之。孙中山先生素重西学，深谙洋习，对设议院、变政治更有深刻的理解。1896 年伦敦蒙难（为清公使馆绑架），获英国人民及政府营救，对英国人民所崇尚的正义及公德良心更确信无疑，也使他对文明国家的进步、教育、民意的认识更加坚定。他对中西文化良性传统方面的有机继承发展使他不但建树伟岸，更以献身国家的同时，表现出一种罕见的人格魅力；而时势给他的名利，却弃如敝屣，绝不介怀。

三

罗厚立先生撰文于《南方周末》（2005 年 8 月 11 日），说章太炎“多本天下为公的理念，而少注意一党一派的私利”；说他上书袁世凯，化解废除各地的割据势力，“希望获得真正的全国统一，进而使中国复一等国之资格，这是广为引用的名句，但引者多受国民党（同盟会）观念影响，以此诟太炎以革命党身份而助袁。其实章太炎以国士而献策于中华民国新任的总统，追求的是国家的安定统一，自不必以党派观念而非议之”。“章疯子之称，据说最初还是太炎自己使用……”

这些议论是大有问题的。

仿佛巴尔扎克乃文学界之拿破仑，章太炎也是个学术界的拿破仑。他的性格，加上他的天赋，更不能安于平静与节制。此种性格乃决定其行事的根源。“疯子”的称谓，也不是什么据说，他在《章太炎的白话文》里面扎扎实实白纸黑字承认了的。

他的寄托希望于袁世凯，也大有其私利在，不是什么天下为公。他个人的弱点，当然也是人性的弱点，不必回护。只是说，这并不十分影响他的学术光辉。倘若在西方民治国家，个人毛病不为大害；但在民初那样板荡专制的社会，就大有可议之处了。

您说他不为一党一派的私利，这就是个笑话了。就是先进的民治国家，党派之间也要光明正大地争取私利——竞选就是争私利，争组阁之权力。只是说前提是一种深厚的契约精神，一种正大的游戏规则。您的派别在获得私利的同时，必以实现最大的公权维护为前提。您争私利，也要同时顾及别人的私利。孙中山、宋教仁的政党政治观念，是拿出政策和策略，和他党竞争；而多党竞争，他们坚定地视为良美政治。美国先贤以一党刻意分之为二，就是要让他们争嘛！

套句老话问太炎："你是哪一部分的？"只能答曰：他哪部分都不是，他只属于他自己——一个糊涂任性的那部分。太炎正因颇有私心，与虎谋皮，才给袁世凯玩弄而跳脚大骂的。当东北筹边使等事，直是自取其辱。在会党内部，他也是小孩的脸，说变就变的，故即令蔡元培那样笃厚的仁人君子，也每每看不下去，斥责他"尤为无理取闹"。倒是孙中山对他，以罕见的心胸忍让之，强调"尊隆之道，在所必讲"。袁世凯表面看重他，也正是因为有同盟会后盾潜在地在起作用，否则置之死地还不是分钟的事情，哪还有他的一番让人津津乐道的表演和他那些趣味盎然的行为艺术？他要是注意一党一派的私利倒好了，他只忙乎他个人的私利。章太炎这样的老先生，适合在一个宪政历史深厚的体制下做议员，则可大幅度发挥其多思善谋之长才，那他的毛病就无伤大雅了。美国议员有被报界骂为无脊梁骨的软香蕉的，有被骂为狗屎的，不一而足。但他们实际上起了关键的作用，因其人性的弱点，被良规也是铁规所限制，难以形成破坏力。好制度，把坏人变成好人；而恶制度，则把好人也变成坏人。

袁世凯又不是人民的选择，而是他自己告密、窥视、翻云覆雨、杀人越货走上专权捷径。同他搞什么国士献策呢？于法理就不通嘛！成王败寇那一套也非智者所宜取。所以，不是什么“不必以党派观念而非议之”，而是大可非议。袁世凯之不配以总统身份接受国士的献策。为什么？潘恩、孟德斯鸠、卢梭等人的著作中早就讲过，以阴谋和暴力来攫取权力的、以专制暴力钳制人民生命自由的，人民可以不承认他，也可推翻他。

民初国会的蜕变

民国初年的宪政实验，国会的建立是一重要设置和象征。但议会及议员的形象一直为后人所诟病。“猪仔议员”的称呼暗喻他们那不堪的情状——被当做货色出卖的可怜虫。

事情的最初情形却并非如此。

民初同盟会对于中国的现代化、工业化的经济发展——这一迫切的实际专题有相当的考量。但倘若没有一个开放、自由、民主的政体来支撑、来作为它的依托，则经济的起飞最终也必然铩羽而归。专制者的滥用权力，必将导致经济的封闭窒息。所以当时的知识先进，就是造成一个强有力的国会与代议制政府。

袁世凯在 1912 年年初接替孙中山先生的临时大总统后，即在外交和国事的措置上对参议院横加掣肘。1912 年 7 月，他唆使军警对投反对票的同盟会及统一共和党大肆恐吓，有谓“若再不牺牲党见，将以炸弹从事”。但有血性的议员发言依然相当激烈。同盟会公开为国民党后，成员大增，迷恋政党政治的宋教仁联合其他政治团体，以争取参议院中的多数席位。他们中的很多人，都相当有良知和道义的担当，对袁世凯及内阁阁员的违法犯约、玩弄国议会民的种种异动即时提出了弹劾。1913 年在宋教仁遇刺及大借款案发生后，国会议员仍对政府提出四大弹劾案，一些省份的议会也对袁世凯的任用宠佞、戕害言论自由提出弹劾，要求其到议会做出解释。多数议员都还是正直无私的。袁世凯对地方大员也大肆行贿，如给李烈钧二百万元为寿并晋勋爵一位。“余思建勋于国家，岂丑类所得诱饵。袁见不能利诱，嫉妒颇甚，欲去余尤急。”（《李烈钧将军自传》）

但手握兵权的袁世凯对国会恨之入骨。1913年的六七月间，国会参众两院推出宪法起草委员会委员六十人，其中国民党籍议员占半数以上。也就在同时期，袁世凯在汉口搜查《民国日报》报馆，大规模拘捕党人，遭杀害者就有三百余人。

杀害、掣肘、制约、恐吓、收买、排挤、换人，袁世凯用种种阴暗手法，为此后国会发展史开了恶例。国会功能渐归于零。1913年夏天，参议院议长张继被迫离开北京转赴上海，就是感到时局已不能用法律挽回。袁世氏所控制的议员“始终捣乱，常流会，不足法定人数，不能开会”（《张继回忆录》）。

以后的议员，就看当局的出价，受贿舞弊，声名狼藉，全无原则心肝。一次苏俄大使宴会，上来大盘烤乳猪。与会者看着国会议长副议长窃窃私语，暗笑不已。有人向大使咬耳朵，他也忍俊不禁。盖“猪仔议员”已成日常生活典故矣。又一次例会，摄影师照相须用镁光粉，点燃时闪光震耳。颟顸议员以为是爆炸，乃夺路而逃。有人甚至钻到桌子下面，高喊“我选的是袁世凯”！因为这些议员，好多是贿选而来，对国是的态度以是否有利其私欲为标准，其进退取决于袁氏个人，而非国民公论，怎么期望他能对人民负责呢？辜鸿铭参加北京饭店的国际性聚会，就遇到贿选的议员，乃指着这人，操英语说道：“这家伙要用八百大洋买我的选票，诸位，我辜鸿铭如此之卑贱吗？”

袁世凯也是一个坚持人民程度不够所以不能实行民主的铁杆专制者，守秕政若瑰宝，视舆论为寇仇。1915年夏，他对美国法学家古德诺谈话，名记者陶菊隐报道，即谓人民程度远逊欧美，应行君主政体云云。(陶菊隐：《政海逸闻》) 这种论调，国人耳熟能详。然而，就算人民程度不够，难道他们倒因此对专制铁幕情有独钟吗？没有民主政治的调理，人民的素质反而将永远低下，那才是专权者所梦寐以求的。袁氏末年公开实行帝制运动，其身边宵小“请愿”、“劝进”，做出种种离奇荒谬的事体，导致全国民众奋起申讨，函电讨伐，纷纷不绝。可见素质低下者不是老百姓，正是利令智昏的专制者。

议会是维护法治的重要支柱。议会的作用是制定反映人民价值观和迫切事项的法律，同时确保人民的根本权利受到尊重和促进。袁世凯当政后期，干脆解散国会，造成民国政治史上最黑暗的一页。

激成著作

21 世纪头年年初，美国联邦调查局侦破该局特工罗伯特·汉森间谍案。此公几乎是无偿为克格勃卖命，将美国机密泄露给俄国。事发被捕，他的同事均为之目瞪口呆。情报理论家舒尔斯基以为，在任何时代，都有诸多因素诱使人甘做间谍，如在 20 世纪 30 年代，则为意识形态上的信仰，世纪之交则是金钱的驱动。还有一部分人则是渴望向世人证明：他聪明过人。汉森一案发，其同事以为，其事并无金钱的诱惑，而是汉森本人欲超过同事的出众心理在起作用。他曾对俄国人说，他"有一种被埋没的优越感"。他也看不起跟他同事的那群特工。他着迷的是这场游戏的本身，而非其所带来的经济利益。(《参考消息》，2001 年 2 月 23 日）清代嘉庆十三年，开全唐文馆，编修卷帙浩繁的《全唐文》。当时有名文士多受邀参加，而浙江乌程籍的名学者严可均先生则被冷落一旁。他慨然叹曰："不才遗在草茅无能为役。"严氏心有不甘的同时，遂发愿单干，另编一部大书，即《全上古三代秦汉三国六朝文》，费时达二十七年之久。他说"唐文盛矣。唐以前要当有总集。斯事体大，是不才之责也。广搜三分书，与夫收藏家秘籍金石文字，起上古迄隋，鸿裁巨制，片语单词，莫不综录……"文字总量近六百万字，工程量不在上百人参与的《全唐文》之下。他死前写成清稿，死后地方实力派人士集合了二十八个学者，费时八年才将其校誊刊刻出来。钱锺书先生《管锥编》倚为底线的十部大书，其中之一即是这部《全上古三代秦汉三国六朝文》。

20 世纪 30 年代末期，作家张恨水先生感于国军战场的连续失利，又加上他极瞧不起日本人，欲组建抗日部队单干，在全民战争中，贡献一分光热。他六次上书国民政府军政部，均未获准，后由其兄在安徽自行拉起百余人的小队伍，因掣肘过多，而未有大成。恨翁祖父为晚清名将，他自幼军人环境中饱读兵书，熟稔军史，可知他既不为实战指挥官，也可做一高级参谋，惜乎“托迹未高”，民国用人又疏漏太多而笔耕终生。在重庆期间，他每日撰写的时评、连载小说，涉及军事文字者，所在多有，可称文字百万军。

严先生、张先生其发愤的心理背景，与汉森也有相似之处，也都有“被埋没的优越感”；但他两人悲剧的总根子还在落后专制国政治管道梗阻不畅。只不过，他们将压力与本领转换成不朽的学术功业；而汉森所为，则与其国家精神相背离。

“把野鸡惊呆”

1944年夏，中外记者西北参观团前往西北边区访问，到某地时，美军军官要求与中国某军官打猎比武。几十年后，某记者给这位军人写传，乃谓：“他想了一想，就请美军军官先打，表现出他思路的敏锐机智，那里野鸡多而机灵，他们每开一枪，全都惊飞。反复多次，最后军人举枪，野鸡已给枪声惊呆，结果五枪中四只，压倒美军军官。”（《中华读书报》，1999年11月10日）

这个细节足以表明——部分中国民性的慧黠。这种心理的剧烈换算，就概念而言，却为欧美之人所不及——当然，欧美人也有极善狡黠之道的；但就整体而言，尚逊国人一筹。如打猎这个细节，即为美军官所梦想不到。这是中国民性极显著的一点，善用者，即为“美德”；就个人而言，所谓性格决定命运是也。在江湖之远，在庙堂之高，均各有一部分这类性格者；至于它的利弊关涉，则甚难一言断之。

关于民性的差异，较早与西人打交道、备尝艰危的林则徐尤有体认，但他认为“夷人最重然诺”。

“臣等体察夷情，最重信字。而得悉夷情者，咸决其必无失信。”“盖夷人最重然诺，即议一事，订一期，从不爽约；其视出结之事，

绝无仅有，非比内地公牍，结而多滥，以致视为泛常。”（《林则徐集》）

此感伤之言，亦痛愤之言也。林公乃晚清擎天一柱，然于民性之看似细故之处，有如此伤绝之语，也实在是有激使然。其后又数十年，鲁迅更集矢于中国民性，痛心疾首，然事实究竟有多少改变，也委实难说。知我者，谓我心忧；不知我者，谓我何求。在中国，个人害了传统文人沉溺所好、不通时务的旧癖。这一类人，在士大夫、在江湖上也尽有之。但这一类人，往往大事小事，多所吃亏，也因缺乏转圜的余地落到向隅的处境。时移势异，他们还是没有“把野鸡惊呆”的聪明。所以，老中国世道文明进展殊慢，但不妨有人认为中国民性善于变通挹注，外国民性质直易欺。

所以，孟德斯鸠曾下断言：“中国人生活以礼为指南，但他们却是地球上最会骗人的民族。贸易自然激起人们的信实感情，但却从未激起中国人的信实，想他们买东西要自己带秤。”（《论法的精神》，第 316 页：商务印书馆出版）旧时专制酷烈，立法之于行政形同具文，人民遂生游离之心。为求自保自利，丛林法则乃与世恶变，佞妄、谄媚、官迷、阴贼大行其道，自由匮乏，公正奇缺，出路狭窄。大家俱往一独木桥挤迫，狡诈遂如影随形。正如俗语所说“穷山恶水出刁民”，实则又岂止穷僻之地而已哉。今之社会开放，改革得力，但民性的痼疾仍在伺机蠢动，如假伪的泛滥，从灵与肉，货物日用到心态名器，无一不是真风告逝，大伪斯兴。于是大事小事，求基本良好习惯，都等诸乌有，狡诈无良，相当程度上被视做有道有为。如此一来，诡诈多助，诚信向隅，道德风险、逆向选择及规则缺失，繁殖葳蕤，社会遂多乱象漏洞。似乎不能怪孟德斯鸠说话难听。人有病，天知否？欲得然诺、信实的回归，尚须遵循基于公正的规则。公正的规则体系涵盖了人人共享、普遍受益的社会发展宗旨，以此来为人心的重负减压。而这一切，须仰赖更为高明的制度设计。

《色·戒》的史实关节

名导演李安近作《色·戒》系一间谍惊悚片，改编自张爱玲的同名小说，讲述爱国女学生王佳芝陷入一个危险感情游戏的故事。她本来计划以美人计暗杀汉奸头目易先生，却意外地对老易生出爱意，遂于千钧一发之际助他逃走。小说本身将人物心理变异融会在生活细节中，读来并不惊险，但其行为可能自有其心理依托。其中，王佳芝的原型是郑苹如，而易先生的原型则是丁默邨。

丁默邨于 1924 年加入中统，北伐前曾赴上海策反北洋系三只军舰起义。1930 年以后，他被派往上海，以民中校长的公开身份，直接领导一个直属情报小组，展开活动。日本侵华前夕，他负责的三处解散，以军事委员会少将参议闲差居养晦。

丁默邨投敌后所任伪职很多，关键的有：伪中执委常委、伪中央特务委员会副主任兼特工总部主任、伪行政院社会部部长、伪政治保卫部副总监……其间，指挥七十六号特工机关，残杀成性，在大上海和重庆地下特工人员杀得鸡飞狗跳。乱世性命贱于狗，日本记者称其为“婴儿见之都不敢出声的恐怖主义者”。像他这类人，于民族大义上有亏且有愧，先在气魄上输了一段；然毕竟系特殊生涯，脑袋别在裤腰上，日常生活也是险象环生、朝不保夕。至于男女之事，更是胡天胡地，为云为雨，如饥似渴。日本战败投降，他被军统局诱捕，1947 年 7 月 5 日以汉奸罪正法。

军统主导、郑苹如出面，暗杀丁默邨，结果功亏一篑。事后观察，可知暗杀技术欠精，设计欠周密，当然也跟丁本人高度防备有关。

丁默邨极善防身，也极善狡辩。1947 年 2 月，首都高等法院审讯笔录，由审判长推事金世鼎问他，其中涉及郑苹如这一节，问："上海有个郑苹如是你害的……你听懂没有？" 丁氏回答说，李士群的老婆叶吉卿、吴四宝的老婆佘爱珍都可证明郑苹如不是他丁默邨杀的，然后他冒出关键的一句狡辩："郑苹如为人道德很坏，被告不愿说。"（《审讯汪伪汉奸笔录》）

他这一句话，很具欺骗性，把要害责任推在一个年轻女性身上，以男女之事为说辞，企图留下想象空间，凸出暧昧关系，借以混淆视听。实际上据汪伪政权的亲历者回忆说，在汪政权中，太多醇酒妇人之道；而丁默邨这个"七十六号"的特工首领，虽然支离病骨、弱不禁风，却是一个不折不扣的色中饿鬼。

审判长又问他："女孩子为国家做特工当然是要牺牲自己贞操的。你陪她买大衣是吧？" 丁回答说，他没有陪在她的身旁，只是用车送，他在车上，杀手用枪打车子，并未打中目标。这个供述和眼下报刊渲染的惊心动魄的细节颇有不同。譬如，他如何在她身边选购衣服并付款，怎样把钱抛洒一地，如何在商店玻璃门瞄到杀手的身影，如何制造混乱迅速逸脱，好像刚强与温柔并济型的 007 詹姆斯·邦德一样……他的供述说明他高度防备到杯弓蛇影的地步。这些人选择了铤而走险的生涯，事实上也是随时都有杀身之祸，所以他根本没有下车。然后，他还加以说明，郑苹如被捕后遭枪杀是实，但不是经他的手，也不是他的意思。第二次审讯，法院刑庭书记官又要他“将郑苹如拘捕到七十六号被害经过说一说”。丁氏回答说，苹如被害时他在南京，不在上海。他说他是郑苹如被害后才一度接掌七十六号的。

小说中，王佳芝救了易先生一命，其艺术效果之高下见仁见智。而在现实中，郑苹如将丁默邨引入致命陷阱，意在索其性命，置之死地，却是事实。就是说，这和张爱玲的用意恰好相反。郑要杀丁，而丁却于她被捕后并未决意杀之，也有持续暧昧的考量在内。从审判记录及金雄白的考辩来看，可知个中端倪。

当时证人出庭证明“郑苹如之死全系丁逆主动”（见审讯笔录下册，第744页）。但笔者以为，金雄白《汪政权的开场和收场》对郑苹如死难之事最后关节点有所陈述，最为可信。“郑苹如是江苏高等法院第二分院首席检察官郑钺之女……她常常骑着一辆脚踏车由学校返家，必然经过我的门口，一个鹅蛋脸，配上一双水汪汪的媚眼，秋波含笑，桃腮生春，确有动人丰韵。在审讯中，郑苹如承认了为重庆工作，而且是奉军统之命行事……丁默邨最初也余情未断，颇有怜香惜玉之心，并不一定欲置之死地。一天在佛海住宅中午饭，我也在座，许多汪系要人的太太们纷纷议论，事前都曾经到她羁押的地方看过，一致批评郑苹如生得满身妖气，谓此女不杀，无异让她们的丈夫更敢在外放胆胡为。默邨的太太当然是醋海兴波，而其余的贵妇人们尤极尽挑拨之能事，当时我看到这样的形势，早知郑苹如之将必难幸免。”可见，对于郑苹如的处置，丁氏确在依违两可之间。

抗战胜利，周作人被捉拿到南京，关进监狱。他的狱中诗作，很少直接涉及从逆后的生活，日据时期的人物也似在有意避免；但似乎究竟难以“藏拙”，一点信息还是漏出来了。他的一组感逝诗，分别写梅思平、林柏生、傅筑隐，都写在他们毙命之际。这三个虽然接触不多，但都是文人学者，同气相求还是可以说得上的。

这组诗里面，还有一首是写在丁默邨毙命之后。一方面兔死狐悲，另一方面，他们虽说不上有什么实际接触，但他的诗流露的情绪反而很抬举丁氏：

“英雄一死寻常耳，午月终凶事或诬。赢得众生齐拊掌，投身应悔饲耶呼。”（《老虎桥杂诗》：河北教育出版社）他自注：“越十六日而丁默邨卒，在小暑前三日，耶呼者，人形之劣等动物，见《格列佛游记》。”诗中替丁氏捧场定位为英雄，有点滑稽；又将他们刚刚依附过的日军认定为劣等东西，是醒悟是反省？有点突然。

张爱玲从人性的角度、李安从情色男女角度诠释主人公的行为轨迹，但就算美女间谍临危救了汉奸头目一命，其艺术效果仍似雾里看花，隔着一层，不甚真切。因为据说易先生身上又有胡兰成的影子。张对胡的爱情，到晚年是下了逐客令的，为什么？还不是胡先生做人实在不成个样子嘛！政治上是依草附木，夤缘干谒；情色方面更是配套似的左拥右抱，东抱西抱。晚年的张爱玲对其已很木然，将胡氏的和好信决然打回。而《色·戒》又是她晚年的作品，所以其中的情爱寓意，与其说是当年“月亮代表我的心”的执著坚执，还不如说是事后“伤心总是难免的”那样一种哀悯超越。换句话说，王佳芝拯救易先生的情节设计，系出于作者的悲悯意识，而非对史实或张爱玲自己爱情经历的坐实。至于李安先生执导该片，情色在其中自然是艺术的有机成分，正如审判长对丁氏所说："女孩子为国家做特工当然是要牺牲自己贞操的。"但也不免过于放大，因为审判的时候，对于此点，双方都是点到为止，并未就此"扯筋"。如在艺术形式中将此放大到几乎变形，反而影响谍报斗争的激烈程度。

丁默邨投敌全然从人事斗争落败、意志不遂作为出发点，怨而成恨，转而投敌，纯属一种怨妇式的报复，而置家国于不顾，将民族观念抛诸脑后。

可怕的是，这样的投敌潮，不是丁氏一个人而是一大批人，不是民国那一特殊时期而是明末等前朝从来就大规模上演过的。

可是在美国那样民治、民有、民享的国家，像陈纳德那样的老军人，甚至麦克阿瑟，还有骂道"狗娘养的战争"的巴顿——那样的军界巨头，所受的委屈、打压、折损、架空……所受白宫办公室小白脸的奚落，所受的参联会、陆军部、海军部的掣肘，其重压之巨大、冤深，也算得上是登峰造极了；但美国从未出现过大规模、甚至是个别性的投敌的影子，又是为什么呢？恐怕以民族性、狭义的文化传统都解释不通；最关键的节点似乎还在体制——其国家体制充分实现个人的权利、自由，一切人生竞争的基础和起点是平等的，他们所受的委屈最终可以找到宣泄、扭转的出口，而不至心理失衡。他们的人生同样需要出路，但从来不像丁默邨们稍有不遂便转向极端，一条道走到黑。麦克阿瑟当年被强行解职，回到美国的当天，人民欢迎、拥戴他的情形，舆论的公开支持，都是在和愚蛮的杜鲁门之流叫板。他的桀骜不驯当时就得到了民间和历史的承认，而陈纳德退役后过得比白宫那班"孙子"还好得多，这是其转圜余地重要的一种。

而丁默邨们是拿生命、尊严去下赌注，毫无收缩延展的余地，可见体制的力量，使某种人生坐困愁城，乃是一切悲剧的根源、一切悲剧总的起点。这恰恰是小说家、电影家未能深度阐释，未能挖掘表现的。

辜鸿铭侧影

辜汤生，字鸿铭，辛亥革命后仍留发辫，垂垂不改，一如前清；出门乘一人力破车，宽袍乌靴，神色自若，一苍头持朱笺随之。以其刺眼，人皆识为辜先生。他的奇装异行，迥异流俗，倒并非完全是标新立异，大抵可入其眼之人太少。他博通经史并诸子百家之书，自幼得以出游英、法、德、意、奥，精西语及西学。严复译《天演论》，他以为徒词费有名无实，斥为“何异兔丝燕麦，南箕北斗哉”。海禁开后，新文化运动继起，持西学者麻沸一时，古贤隐曜，线装书被人投入茅厕。辜鸿铭以此辈为仅得西人表皮，或西人矢溺，却充诸要路，凶厉咆哮，以稗贩西学自炫。袁世凯专权时期，他慷慨陈论时事，指为小人长外务，袁贼深恨之。他曾在张之洞幕府大骂袁世凯，闻之者为之惊愕。袁氏命绝，北京禁戏三天，辜鸿铭反而请戏班到他家开场。警察干涉，他谓“他死我生”，并认定这是其生日，非演不可。警署无奈但听之而已。他的幽默调侃总是这样陡劲突兀，故外间不识者又多渲染，世人遂以疯狂视之。

张恨水先生在1943年11月重庆《新民报》著文《辜鸿铭决不会再生》，表面上在批评辜的那份顽固不通人情，实则极赞其纯粹率真。辜深于多门外文，又通五经训诂之学。“辜老头子既有小辫，当然是不会看风色，不会投机的好糊涂虫，于今有办法的先生，有不看风色不投机者乎？”言下大有伤悼之情，而于现实的荒诞，也可谓骂尽诸色。

用文字肩住美和自由的闸门

——傅增湘《藏园游记》印象

上世纪 90 年代中期，收得《藏园游记》一书，每于颓唐之际接读，辄耽于其文字的雄深雅健而迷醉不能自拔。

最先拜读的是《光绪戊戌旋蜀舟行日记》，这是他逗留北京考试，从少年到青年，首次返川的行路日记，满纸故园之思，既多古典式细腻刻画的笔触，更时有印象式的笔墨予以调和。其舟泊陆行，一路风尘，以移步换景的山河风景为经纬，穿插市井风貌、生活方式、地方人物的人生沉浮；劳顿、忧伤、惊喜之余，还有一种近乡情怯的清空和孤寂……那是诗的泥土，也是烟火人间的泥土。一部游记，层次极其丰富而又分明，味道深醇，读之令人心情低回不已。

他这部文集虽以游记为名，实为自然地理历史之人文考察。所至之处，往往因战火时间摧残，日就废弛，名胜古籍，荡然无存，所仅存者，荒冢一坯、破殿一院而已。或者，冢墓祠宇，大半剥落，碑记不存，基址杳然，致古人之遗迹湮没无闻。凭吊感慨，不胜今昔之悲，带出时间深处的悲辛和哀愁。

作者之伟力，乃在以政治文献，借以考证，推原故实，甚至也从樵夫牧童碎语中索取隐约信息，加以抽萃，大可昭当代而传来世。

《南岳游记》:“人家往往错落涧谷间，时见瀑布悬于对嶂，声势殊壮，惜不知名。道旁边杂花怒放，红白争艳，足慰岑寂。行二时许，微雨飞洒，山径荒凉，无可驻足。”通篇都是这样神完气足的文字。

在此篇的末尾，他也比较日本对山河地理的研究，说他们无论怎样的重岩绝壁，都力求修路通车，花费巨量资金而不恤；对山上的庙宇、文化遗迹、林木的渊源，都要详尽地编为志书，视为国宝，供人观览赏玩。

他的游山，地方志是他必要的参考书。除此而外，更有他的现场观察、比勘、描述，对驻地山人或居民的访问，使其游踪带有饱满的人文因素。而且他的登山也是不辞劳苦，无论怎样崎岖的险道，都要设法周览，使其盲区扫荡无遗。

先生为中国现代藏书家、版本目录学家，号“藏园居士”，四川省江安县人，光绪二十四年中进士，授翰林院编修。辛亥革命以后，他曾任约法会议议员、教育总长等职，1927 年任故宫博物院图书馆长。其藏书积至二十万卷之多，为中国近现代藏书大家。他也是中国地学会创建者。

他的文字，气韵丰美，整体元气浑噩，简重严深。而他的悲情叙述文字带着衰爽的风声。其对残迹种因之解读，触目惊心，常令人辄生悲叹；所摭拾流失沉没的时光碎片透射出人性亮点与旧闻遗骸。他描述自然生态，尤为穷形尽相，遣词造句，似乎深入物象之血脉骨髓。其对气氛的造设，最注意干湿浓淡的急剧变幻，实更有寻常遣兴文字所不到的重量。甫读之下，仿佛为其文字所一把揪住，动弹不得。其文字之魔力一至于斯。

《游中岳记》显示，这里所保存的魏晋六朝的碑碣数量既大，质量也高。“所足惜者，沧桑递变，陈迹咸湮，访古之兴虽殷，而揽胜之情多沮。盖由于流泉畏缩，林木荒枯，以至胜水名山，黯然无色，而寺宇之倾颓，古迹之芜废，犹其末焉者也……少林一曲，岳庙周垣，差具葱茏森秀之姿。其他故址，皆委于荒榛残砾之中，使人望之气索……弥望荒凉，牛山濯濯，求一合抱之木，蔽亩之阴，而渺不可得。”

《登泰岳记》则是山川形势和地理细节、人文遗传总的梳理。其中写到普照寺，即随笔点出其自唐至清的变迁，又说：“昔宋思仁尝谓寻泰山名胜，屐履殆遍，唯普照寺一区，山环水绕，茂林修竹，野花幽芳，山禽噪杂，虽山阴兰亭之胜不是过。余等方自穷岩绝涧涉险而来，忽睹林泉秀蔚，山水淑清，心目俄然开朗。”

“出过坊下，见有鬻泰山松者，松身高尺许，而枝干横出，鳞鬣苍森，大有摩云之势，因取数盆栽之。暮返济南，大雨亦随车而至，似挟岱顶之云以俱归也。”

《塞上行程录》将山川态势、人物风貌、地理沿革、宗教变迁、边疆垦殖、民生经济一炉而烩之，大开大阖，大处劲拔从容，细处细于毫发。这是他晚年的游记，六十多岁的时候，因边疆地方史志部门的一再坚请，重修《绥远通志》，欲请为总纂，盖以志稿体例、结构、文字……非有如先生之宏通博览之人总摄其事不可。此篇笔力不稍衰。有趣的是，不管在省会还是区县，地方长官、银行经理、驻军长官、报社总编……各各风闻前来，接洽宴请，请益访谈，可见当时大学者的亲和力及学术分量。

在此人烟稀少的绝塞之上，先生也记录了多处苍润之境：“山外芳原百里，绿杨如荠，恍然如置身龙井之间”;“两山夹耸，巨涧纵横，车即沿涧涉水而行，赭壁青林，时见野花四发，连冈被垄，皆紫萼黄英，山容益形秀丽，忘其为关塞荒凉也。”

王维的诗，可以说是谢灵运山水文学和陶渊明田园文学的折中；傅增湘游记，则可谓《游褒禅山记》之类纯文学和徐霞客地理游记文学的综合品。《洛阳伽蓝记》文章时空交错叠映，更增迷乱悲情；《水经注》描绘水道景色而多历史遐想，洵为旷世杰作。此皆地志之大成，当中最多黍离的悲情。《南方草木状》呢，则是旁观的风俗记录，文字较客观，几乎是不动声色，多记依附于地理的人事。如说《水经注》是顿挫的组曲，则傅增湘游记是衰飒的长调。

书中对自然的皈依，乃是对自由观念的认同；迷恋山水的投入，加深了精神的向往和对山河风月的追随体认。文字的摹写和画师的心曲相似。他刻画山水的眸子，也勾勒山水的体貌，传达整体的气韵。而山水受伤的所在，亦往往是人的悲情所寄。饱受摧残之地，其气息也使文字携带阴郁苦重的气味。历史、生命、美与真的毁灭、邪恶的泛滥……有机地吸纳文字的涌动之中。文字的容积感，既不嚣张也不突兀，然而暗中蕴藏巨大深厚的情感力量，再现历史的渴求，仿佛古典知识分子追求自由的基因，长期积淀，至此密集透露此种信息。它再现的自然物象镌刻上一种艺术价值和永恒性印记。

先生沉醉于孤本秘籍的赏奇析异之中，古籍目录版本、校勘之学，多发前人所未发，其成就一时无两。余嘉锡说：藏园先生之于书，如贪夫之陇百货，奇珍异宝，竹头木屑，细大不捐，手权轻重，目辨真赝，人不能为毫发欺，盖其见之者博，故察之也详……至于校雠之学，尤先生专门名家。平生所校书，于旧本不轻改，亦不曲循，务求得古人之真面目……”

他老先生为人处世平易谦和，但他的文字端的是洪波涌起，深具内在爆发力。山川和人文遗迹的追述记忆，形诸笔墨，重塑历史风月、自然万籁。多篇大型游记，文字繁复而自由，厚重如础石。那是超自然的光影，以及诗化的叙事性、沉思的抒情性。他的游记重现历史的惊心动魄，使历史的空间更为深广，而意象的条理和艺术价值由此加密增重。

傅增湘 :《藏园游记》，卷十六 : 印刷工业出版社，1995 年初版。

我敬魏默深

20 世纪 80 年代中期，我刚工作不久，日子过得颓唐不堪。有时整个礼拜天就在那间老楼上枯坐，真个寂寞到骨，与光阴共老。这样的境况中，镇日翻览徐世昌所编《晚晴诗汇》。日子一长，略有心得，遂强分清代诗人为三类，亦消遣耳。一类则苍凉激荡，若钱牧斋、阎尔梅、吴伟业、顾亭林、郑珍、舒位等。一类则闲适逸淡，若余怀、董说、严绳孙、刘体仁、王渔洋、袁枚、黎简、法式善等。一类则感伤失意，若周亮工、贺贻孙、宋琬、屈大均、纳兰性德、厉鄂、黄景仁、张问陶、彭兆荪、龚自珍、项鸿祚、苏曼殊等。

我以为清诗的巨子，这当中也就颇有包略；殊不知后人论清诗，其最推崇者，尚非以上诸家，而是陈三立。

汪国垣《光宣诗坛点将录》奉陈三立为一百零八将之都头领，文学史更承认他为同光体之首。三立为诗生涩奥衍，用心苦而用功深，陈石遗说他“不肯作一习见语”，天工人巧相一致。他是江西诗派在清代陡起一峰的传人。其集外残句尝谓“凭栏一片风云气，来作神州袖手人”，诵之绝有愤激郁勃之沉重感，难以安坐。民国副刊三杰之一的张慧剑先生更崇拜到五体投地：“故诗人陈散原先生，为中国诗坛近五百年来之第一人，不仅学力精醇，其人格尤清严无滓。

足以岸视时流。”（《辰子说林》）则不但高居清人之首，更视明诗人为无物。

年来温习清诗。读《古微堂诗集》一过，大为震撼。则我个人以为五百年来第一人，不是以上划分三类所涉巨子，亦非陈三立，而是魏默深（魏源）。

魏源诗之能在古今大家诗中高出一格，乃以其于山河风景之中契入悲感，且衍成一种系统贯穿、长流不止的生命情愫。而状物之工，抒感之切，因其悲感的蒙络浸润，上升到情绪哲学的高度。加上魏先生思力精锐，藻采纷披，而以其哲人式的深刻悟性，遂令诗思、诗境盘踞肝肠，深入思维，一经接读即不可辞。

“披衣坐复行，仰视天宇翔……群动何有始，列宿何有芒。每念生灭由，精微莫能详。穷年事糟粕，谁极无何乡。乐哉空山空，悲哉长夜长。”（《村居杂兴》）

“往往梦中句，欲追旋已忘。万物各汲汲，吾生亦皇皇。”

“问月月不知，占天天共仰。”

“沉沉万梦中，中有一人晓。置身天地外，何羡红尘浩。”（《村居》）

“少闻鸡声眠，老听鸡声起。千古万代人，消磨数声里。”（《晓窗》）

“秋色青天地，河声变始终。”（《华岳》）

“水与山争怒，天为地所春。”（《阳朔舟行》）

其《衡岳吟》《庐山纪游》《粤江舟行》……综合李太白、杜工部那种兴亡感、沧桑感，与模山范水的一种奇警异常而共有之。

若杜工部状白帝城“高江急峡雷霆斗，古木苍藤日月昏”，深异到骨，非后世诗人所能望其项背；而魏源笔下多有之。故郭嵩焘由衷绝口赞之："默深先生喜经世之略，其为学淹博贯通……游山诗，山水草木之奇丽，云烟之变幻，翕然喷起于纸上，奇情诡趣奔赴交会，盖先生之心平视唐、宋以来作者，负才与之角，每有所作，奇古峭厉，倏忽变化不可端倪。又深入佛理……而其脉络之输委，文辞之映合，一出于温纯质实……"(《古微堂诗序》)

章太炎的朋友北辉次郎，亦日本近代一有名学者，尝期化学方法日进精益，使人可以矿物为饮食，而动植物皆可恣其自生。杀心绝，交会断，人即与天神相合而离大患。实则这种心态与邈姑射山有神人居焉的寓言，出于同一机杼，只是一种静夜思——玄而又玄的幻想。

人类自身，给种种不能超越的历史条件所限制，微渺、劳碌、挣扎，造成自身严重局限；而魏源之诗，即将此种局限与大地万物亘古时空相形之下的深沉感慨随机高妙地表现出来。这些感慨质高量多，且多发为深异明晰之比喻，将形而上之抽象问题化为具象之对比，一读之下，即有沦肌浃髓之感。

旧时官僚里面，不知他们作了多少诗。明清以还，印刷业进步，集部里头的数量，为之激增；但有相当一部分官宦诗文，诗非不工，律非不合，然其诗句即令看到眼熟，也了无感觉。为什么呢？就在缺少关心人类局限的深悲大痛——这种终极关怀。而魏源大笔如椽，其作品令心灵在冥冥之中与自然精神对接，而发出宇宙人生根本意义上的最高认识。字句间缭绕生命的消耗感，人生的消磨感，而字句之外都是无尽的沉痛，真所谓忧能伤人者。令人读之惕然有所惊觉，并为之兴叹不已。

诵其诗，念其人，我敬魏默深。

突兀歧出的史论

近时看南明史料甚多。后世历史学家评述此段史实的著作，以顾诚先生的《南明史》最厚重。但这厚重似乎只能指其篇幅而言。盖其辨析结果，颇有突兀歧出的走火之论，极关键处俱不中的，令其学术价值大打折扣。

顾诚先生说：

至于南明政权的腐朽、内讧，本书同样作了如实的揭露。读者不难发现，书中不仅鞭笞了朱由崧、朱常瀛、朱由榔等南明统治者的昏庸懦弱，对一些直到现在仍备受人们景仰的人物如史可法、何腾蛟、瞿式耜、郑成功都颇有微词。有的读者可能会问：你对南明许多杰出人物是不是指责得过分了一点？我的回答很简单，如果这些著名人物都像历来的史籍描写的那么完美，南明根本不会灭亡，这些人也将作为明朝的中兴将相名垂青史。（《南明史·序论》）

这样的论断，真可说是醉汉打枪，随意之至，以为中的，而偏离靶心不少。

世上本没有在任何时、任何地都能掌定乾坤处置任何危难的人。坏的制度，将好人变成坏人。国家强于社会，体制的力量淹没个人，如海浮槎。好人难有大作为。史可法、瞿式耜、郑成功他们的杰出品行，或曰完美度，并不能在任何时候任何环境满足人群的预期，并独力扭转乾坤。他们即使达到作者想象中的完美标准，南明同样会灭亡。

他们尽了最后的心力。不能把坏制度的弱点加在他们身上。反而他们的处境，数百年后仍令人一掬伤心之泪。晚明业已陷入专制朽坏周期率的死穴，他们所受的掣肘太多太多。干呢，干不起来；笑呢，决无此理；哭呢，不像话!

正因其优异“完美”，其所受压制越烈，所受邪恶势力的聚焦打击也越沉重。较之入侵者和腐朽当道，他们恰恰是老百姓微弱可怜的希望。

如果说，制度对邪恶的压制消弭可起到能动的作用，则“南明根本不会灭亡”倒还似乎可以成立；然而事实恰恰相反。

专制实体的朽坏，无论内外因，总不能维持其命运于永久。当时外族来侵略，令明帝国解体，后则混杂通婚融合之。但他们当时汹汹而来之际，无论明朝怎样腐朽，他们前来，却并不是推翻专制、打击腐朽，不过是乘其危而遂其欲。城破之日，迁怒于老百姓，放肆杀戮，可百姓并未得罪他。今有人以当下眼光视往事，他们今天完全不能想象先人是怎样从那场浩劫中活过的，还煞有介事以为抵抗错误。难道应该引颈受戮吗？须知，他们是杀戮来的，是劫掠来的，是镇压来的，是蹂躏来的，是持刀挥鞭来的……不是送压缩饼干也不是送美国罐头更不是送自由的生活方式而来的……他们所依赖为统治合法性的背景，乃是皮鞭大棒和刀枪炮。

左光斗在京担任主考的时候，在郊区的庙宇里遇到复习应考的史可法。风雪严寒，一生伏案卧，文方成草。左公即解下貂皮袍子盖在他身上，后来考试时又将他批为第一。他已看出文卷中的担当，等到左公被魏忠贤构陷下狱，备受酷刑，面额焦烂不可辨，左膝以下筋骨脱尽，史可法去探望他，呜咽不止。而左公以糜烂之国事晓谕，力促其离开。史可法后来流涕告人："吾师肺肝，皆铁石所铸造也！"这是方苞的名文《左忠毅公逸事》所载，可窥史可法的精神资源之所由来，他的良知以及作为民意代表的分量。

史、瞿、郑这几位梁柱，国难当头，他们知其不可为而为之，也并非尽为一家一姓之天下，实在也是对深重民瘼、人间疾苦，念兹在兹，而做悲壮的一搏。制度决定人的命运，而非完美度。完美度，也不能替坏制度背黑锅。

顾先生乃做学问的典范，他著《南明史》，看了一千余种相关资料，有的相当偏僻。端的是皓首穷经，令犄角旮旯资料无遗类，即资深同行专家也极为赞佩。这本来是他所独有别人略无的巨大优长。但其问题在于，一者综合辨别能力稍逊，不能以调和鼎鼐之力手定乾坤；一者运用资料阐明观点时严重走偏，令其价值失色不少。所以他的强势未能转化为优势，徒呼奈何。

回忆录：史识与文采

近年来，首次挖掘出版或修订出版的回忆录渐夥，形成非虚构类文学的重镇。它们既是研究者的至宝，也是读者经久不磨的欣赏品。回忆录是历史见证者的自白，饱含动机与心情，提供一个绝佳的勘察比较的对象，辗转对照，宜于窥破迷津，达至柳暗花明之境界。其中，不难衍化出淘汰与新生的学术动力。回忆录在某种角度上与自传得以重合，鸿爪留痕，小内幕有大精彩，自然深具历史价值。其上品，多缘情事生为波澜，别求义理以寓襟袍，叙事、考理、辩义都能恰到好处，饱含史家追求真相的推动力，充溢对人类命运的关注，乃经验、智慧、心血的结晶，自成一种风格。

廿四史中的前四史——《史记》《前汉书》《后汉书》《三国志》，秉春秋之笔，白历史真相，所谓述往事、思来者，最具史品、史识。《史记》不特是史家之绝唱，亦是文学之极品。《资治通鉴》虽非文学之供奉，却是写作（包括创作）之祖构，其文学价值，乃如血液之于人体，造成一种内在的精微之搏动。

《史记》等作品，本属历史的正宗，却正是不折不扣的文学；回忆录，隶属文学之一种体裁，却又是货真价实的历史。

民国时期来华抗战的美国军人所著回忆录，以陈纳德之作最具分量。而美国密电码专家雅德礼的《民国密码战》，则问题多多。其文学性，相对于陈纳德的对中国饮食、民俗、文化的认同，满心的欢喜，渊然的沉醉，雅德礼则是蜻蜓点水，心不在焉。

《陈纳德回忆录》十四章，谈抗战后期中国经济的衰败，通货膨胀，黑市交易和囤积居奇，公教人员三餐不济，农村已在搜吃树皮草根。他写道："从这只支离破碎的经济体系中孕育出来的腐败，就像下水道的污水一样四处泛滥。"第三次长沙会战的时候，日军8个师团长驱而入，陈纳德形容道："如同灼热的钢刀切在奶酪上一般，轻而易举地把中国军队分割得七零八落。"都是很漂亮的比喻。来自他的经验、感悟，相当直率而剀切。这位老军人，笔下颇有妙句，在谈到日军封锁中国西南部运输线时，他写道："如果切断了盟军的援助，中国的抵抗力量便会像刺穿了的肺一样萎缩下去。"陈纳德战争思想的波澜起伏，曲折萦回，都融汇归宿到他崇高而磅礴的民族气节。

《民国密码战》系雅德礼在华期间的回忆录，抗战初年他以一万美金的年薪聘到军统工作。作者当年失宠于白宫期间，醉心写书，其致命处在于真实的间谍素材，加上似是而非的人生经验——后者的不伦不类，也并非一种文学上的合理虚构，而是一种夸饰，即兴式的想当然——导致其下笔不能自休，充斥有口无心的无稽之谈，穿凿附会，怪诞百出，莫可究诘。

该书的英文版原序中有谓："戴笠这个黄埔军校的毕业生曾经逗留上海经月，策划暗杀他的老同学——汪精卫。"（第15页），真是驴唇不对马嘴的叙述，并不存在戴笠本人专往上海刺汪氏的事实，戴也不可能和汪氏成为同学。汪氏奋力革命的时代，戴还是光屁股的小孩。作者写他遇到一个叫淑贞的上流社会女人，据一英国人向他介绍，“淑贞是汪精卫最喜爱的姨太太”（第 24 页）。作者问他有几个姨太太，那人说“汪精卫有十个姨太太，这不是什么秘密，汪非常富有”（第 25 页）……这类记述，可能是天下最荒谬的民国史记录了。它无疑是民国史研究的原始资料，但都是十足的废料。又如："自 1937 年开战以来，虽然已经有一百万日军被歼灭，但是中国政府手里的日本战俘只有六十人。"（第 75 页）其言下之意，是抗战开始，到 1939 年 3 月就已取得这样的成绩。这更是荒谬透顶的记录。因为整个抗战史，所歼灭的日军还不到一百万。类似错得一塌糊涂的地方，不可胜数。这不仅让人怀疑他的数学基础，更让人怀疑他的心智是否正常。

《民国密码战》捕风捉影，大放厥词，所述所论，隐晦跳荡，来龙去脉，随意斩断。似此齐东野语，早已贻笑大方。现在出版者竟欲以之取宠一时，跻身民国史热潮，又焉可得？且于其极其荒谬叙述不加任何说明，显然非但不能达到传知的目的，反而添乱。

前些年有所谓百岁老人章克标所著回忆录《世纪挥手》，整本书就像一个病恹恹的衰人，记事则隔靴搔痒，叙述则木强寡神、粗枝大叶，结体则不见轮廓，论事则毫无风骨，文字因循庸陋、观之昏昏欲睡。虽曰敝帚，却不自珍；难免顾影，却不自怜。本来似他这般也算饱经世变，当有不少秘辛可供解剖；谁知看完只是一场竹篮打水，可以说是最差的回忆录。可是此公偏要命曰“世纪挥手”，沐猴而冠，真不知好赖。

同样是民国报人的生涯回忆，相对于章克标记叙的庸常无聊，张林岚老先生回忆录《腊后春前》则可说是陡起一峰。老先生是《新民报》（赫赫有名的《新民晚报》的前身）的前辈。他叙述的方法，平稳而浩荡，信息相当的密集，仿若一条集聚文化生命的链条，蕴涵着大时代接踵而来的事件，成为关乎后人命运的潜在线索。全书似慢镜头拉开巨幅长卷，可直截分为两个部分，即两个历史转捩时期，一是中年以前的漫长的战乱时期，一是社会变异的运动时期。

他的书中，举凡办报理念，一代文化人谋生的艰辛苦楚，时代回旋与冲撞，与旧中国新闻检查持续的抗争，现代史上诸多政经、文化人物史事发生的渊源、情状、流向……其丰厚内涵，可以分解成无数的专题、事件来解析、来考察，从而为历史、为时代做佐证、旁证、补证、疏证……正如老先生书中的感慨——“许多新闻在我们笔下奔流过去，成为历史……历史虽然总是在弯弯曲曲、跌跌撞撞中发展，但总是不断进步的……”

《高宗武回忆录》用英文写成。作者当时身在美国，写毕且束之高阁多年，不存在怕的问题；但他还是隐瞒了关键的事实行为，属于一种处心积虑的藏藏掖掖，却不知在他人的回忆录中事实清清楚楚，有如镜鉴。该回忆录加以内容不周密，文笔欠流畅，以致事实多有不明，意义亦嫌含糊，价值大打折扣。他不敢生前以之示人，又想扳回自己在历史上的定位，为己开脱，试图在其身后的时段中公诸世人，故有很多设计、增减、算计，处处留下想从历史审判席上溜之大吉的魅影，其心可诛。殊不料越藏越露，老妖怪老而成精，那一番扭捏，令人无法忍受。

高宗武后来赴美，胡适对他颇为关照。傅斯年在重庆闻之，大怒，致信痛斥：“近日高贼宗武常住大使馆，先生本有教无类之心，以为此人有改过之迹，或因是耶？然此贼实为穷凶极恶，以前即知其妄——大有代办外交之势……而汪逆之至于此，皆高逆之拉拢也。

至于半路出来，非由天良，乃由不得志，且是政府以大批款买来的。国家此时不将其寸磔，自有不得已之苦衷，先生岂可复以为人类耶？”傅先生查资料做学问是“上穷碧落下黄泉”，大开大阖，斥骂丑类也是不留余地。

与高宗武并称的陶希圣，著有《陶希圣回忆录》。作者是当时社会史理论建构的巨子。其写到民国社会的转型问题，多有卓见，抗战前庐山牯岭的知识界茶话会，更有其不可代替的史料价值。但他后期生活，因了跟高宗武落水、出水的折腾，大受影响，似乎总在竭力按捺其六神无主的神情，很多关键的转捩点，竟然连一笔带过都说不上，而根本是略去不写，故而有的篇章充溢历史的神经末梢，清晰解渴；有的部分则大面积迟钝，令人观之生疑，不，是生气。

《知堂回想录》看似冲淡，实则就叙述笔法的选择而言，横亘着他那淡然而潜在的固执，也即对史事的观察叙论，均以其可疑的自我视点来统摄，期待深失望也深。至于其文笔，并不像某些吹捧者所说平淡因而达到了散文艺术的极境，而是根本不把读者放在眼里。他的散文《初恋》尝有这样的句子：“她在我的性的生活里总是第一个人，使我于自己以外感到对于别人的爱着，引起我没有明了的性的概念的对于异性的恋慕的第一个人了。”如此啰唆、夹缠的不知所云，真可以把人考住了！

至于他落水的心理暗影，在回忆录中反而不见，倒是在其《老虎桥杂诗》一书中隐约有所透露。

跟跌入政途的同行不同，也有纯粹的校园生活图景。文教人物虽处于战乱岁月，但奇怪的那也是现代学术成长期的黄金时代。生活虽然简朴平凡，难以超然物外，然而致志学术，却别有光辉四射、姿彩缤纷的灵境。

《朱东润回忆录》对学界倾轧的描述，简直是《围城》现实版。内迁乐山的武汉大学文学院某掌门，为了排挤朱东润于校外，乃限定到校报到时间。那人笃定他从沦陷区到大后方万不可能插翅飞来，所以承诺之后就抛诸脑后。这和《围城》中那封子虚乌有的聘用电报如出一辙。殊不料朱东润竟然拿到吴稚晖的一个条子，居然从重庆搭乘军用水上飞机，提前到达乐山，那人傻眼了，瞠目结舌，张皇失措。其场面可谓惊险！较之方鸿渐对高松年撒谎的无可奈何，朱东润则制造了一个奇迹。另如大学里文言派教师挤兑白话文学家，种种细节，煞是好看。武汉大学中文系主任刘赜，师承章太炎、黄侃——他们师徒都是鄙视白话文学的。黄侃骂人出了名。他酷嗜古文体例，因此认为提倡白话文的胡适博士大逆不道，经常痛斥胡氏之非。刘赜亦然。这本回忆录以这段抗战时期的文教生活最为动人，种种殊出意外的精彩，几乎可以全盘搬用为《围城》的真实注脚。

相较于朱东润的教书生涯奔波劳苦、心力交瘁，何炳棣则在很年轻时，即抗战尚未结束，就已考取第六届庚款留美公费生，殊少生活折磨苦累，更多生命交付学术探求。他的回忆录《读史阅史六十年》，包括西南联大时期的教与学，治学范围之广、成就之巨，与其有允许其专注的环境在起作用。所以他读史阅世的心路历程，又跟朱东润他们穷忙了一生的悲哀是亦合亦分的两种路数。但即使是朱东润之所遭遇学界倾轧，仍属一种不同学术源头的竞争，虽有不快，但生活与学术的空间仍在。到了“四凶”肆虐的时代，那就只有同声感悼了。

民国时期也有相当数量的知识分子不仅以国学自任，且以国事自任；在行政工作方面也抱持学术上求取真知的态度，践行经世济民的实学。蒋廷黻就是其中的佼佼者。

《蒋廷黻回忆录》，作者怀史迁之才，抱张骞之志。这是学者从政善始善终的典型。书中道及的人生履历，充溢谋国的真诚；善谋善断，慧眼识人识事，坚毅的努力，寓于分寸感之中，可钦可佩。他早先的《中国近代史》一书，提出中国人能否近代化将关系国家兴亡的观点。他在学术上开创新史学、培养新式历史学家的教学目标，在行政方面也能如是；做人避免了虚骄，行政祛除了虚浮，学术上摒绝了虚妄。他对国事、外交、人性、战争等的判断，如龙跳渊门，虎卧凤阙，稳稳当当。无论在校园做学问，还是踏入政坛用以济世，他都踏实稳健，心中仍是赤子之心；对于世道的变迁，保有较翁文灏们更为深透的认识。相对于当年一些鸡飞狗走的智识者，其伟岸自因时间推移而水落石出。作者以平实的文体写出不平凡的文章。

法国当代史家保罗·科利，在论述历史认识论和方法论时尝指出，杰出史家须努力去完成一项不可能的任务：即复活历史。因为人类经历的真实的过去只能是一种假定，即我们不可能倒回时光、接触往事。史家的努力是什么呢？即在复活往事的过程中将理解和解释融为一体。职是之故，史论的目的是获得知识，这种知识又非死的知识，而是“在因果链的基础上，在终极关系、意义及价值的基础上获得有条不紊的观点”。这里面，又包含了“作为史家的主体确立了他所再现的往事与他本人现在方面的联系”。（《法国史学及史论的贡献》，第 48 页）

黄仁宇的《黄河青山》《地北天南说古今》均为回忆录作品。其中间屡屡提到部队战士的涣散、困穷、战力低下，吵架、斗殴、装备粗陋，简直是家常便饭。就是黄仁宇本人也染上粗鄙郎当的习气。20 世纪 80 年代他到中国社科院演讲，明史专家王春瑜负责接待，亲见他座谈时忽而跃起，蹲在沙发上，指手画脚，拍胸撸袖，就是当兵时留下的后遗症。

黄氏治学，将掌握的史料做有机的高度的压缩，文笔连绵辗转、浩荡不迫，而内里自呈洪波涌动之势。其感念与激发，均在不知不觉中完成。是以带动史学的热点，叙事角度的别致为青年人群起模仿，持续多年。他研究的是历史何以如是的因果关系，而在文体上，却竟然有美洲魔幻文学的效应，在混沌中暗寓判断，也属奇迹。

黄仁宇、蒋纬国都是学生军人，也都从下级幕僚做起。后来前者专注于史学，后者致力于兵学。《蒋纬国回忆录》则可谓回忆录中的奇书。纬国颇能退让、忍受、克制。人生的苦楚无论有形无形，俱以平常心应之。其实汗水和苦修渗透其冰雪聪明。他对兵种认识深透，所提出的战略战术构想和过渡时期的老军人不可同日而语。纬国是科班出身的高级幕僚，他的治兵方略和军事学的深度，精密宏深；而他对文化的估衡，也可说是独具只眼。

蒋纬国的生涯修为，令人想到辛弃疾。同样是刚毅坚卓、谦恭有礼，纬国可以说是辛弃疾在现代的化身——两人的气质、着眼点、作为参谋起家的心曲、战争观、军备问题、战略与战术，均保有神似的认识和感悟。他们既是思考者、策划者，又是行动家、执行者。他们所遭遇的无形的社会阻力几乎如出一辙，志士的悲哽、政治的不上轨道、民间的愚贫、大小环境的矛盾与内耗，一种强大的无力感和消磨感，令人长喟不已。

《白崇禧回忆录》系最新推出的修订本。白氏晚年，认识越发坚定，不再带有先前的顾虑私心，但是也晚了，不乏开脱之处、省略之处、难言之隐，其间固有大环境不利于他，也有他的小算盘，其间还试图勾邀胡琏，以图自救自壮，不料却吃闭门羹。他的智谋在民国军政人物中凸起一座醒目的峰峦，"小诸葛"之称不算虚誉。"小诸葛"的小，并非他在幕僚符号人物诸葛孔明相形之下的谦辞。这一个小字，恰恰是时代的留影，也即个人根性在时代中所表露的局限。不过较之冯玉祥回忆录《我的生活》，白氏的观照范畴就要辩证精辟得多。两人都属我执固固我在的人物性格，但白氏晚年，多少能够"破我执"，思维所涉天地宽泛得多。

不过这书却有让人难以忍受的毛病：错字很多。上下册勉强读完，不禁有些恼火。本来只是翻印已有的繁体字本，而非原创，但在繁体变简体一事，就有无数的错误。错字频出，鲁鱼亥豕，出版社太过粗糙的制作，也说不过去吧。

唐德刚先生不仅是思辨、考辨的大师，而且有其更强有力的方面：在于他善于把他的历史见解带进人的生活，与人的生存状态活泼地结合起来，对多头绪的世象予以通透解析。如此而以他那跳脱活泼、鬼斧神工般的叙述语言出之，其效果就如钱锺书论《史记》时说："解颐语能撮合茫无联系之观念，使千里来相会，得成配偶。"种种涉笔成趣之处，多到不可胜数，而其心情愿景，自在字里行间徐徐带出。他的《胡适口述自传》则不特搞清楚胡适本人的活动及思想，且将时代的思潮、风气，以胡适为中心的时代学术趋向的得失、疑问一锅而烩之予以解决。

至于唐德刚撰述的《李宗仁回忆录》，文采、构撰都是一代名笔。该书文笔灵动传神，兼有《左传》《国策》的长处，其中又时时插入现代政治、经济、军事理念，内涵丰盈。传神写照，融史实与描述为一体者，所在多有。大量的民国重要人物，在此书中，立体形象往往得以随机和盘托出。但李宗仁的不真实在于心情、见识的暧昧和隐晦，而唐德刚的美化文笔将其装饰得掩映潺湲，以致若非老吏断狱，诸多真伪绝难辨认。

军政元戎的回忆录，《麦克阿瑟回忆录》堪称泰山北斗。自由与爱情不是现成的，需要精神血汗来争取。远瞻人类前途，人类如何掌控自己的命运，免除被奴役的危机，回忆录中提供了足够的多角度的值得深思的问题。著述界正有其不同寻常的旁逸斜出。徐志摩作为文学名家，他在欧美原来是读经济系的，对英国文坛文事其实不大熟悉。像麦克阿瑟这样的政军大佬，谁会想到他著述的文学性呢？但他偏偏就是一位不可多得的文学天才，敏锐的历史想象力与文学叙事技巧，得以大大地发挥。

该书充溢历史哲学眼光的深远，大气磅礴的胸襟，遣词造句掩饰不住史诗样式的文学性。此中文学性乃是为了更恰切、准确地表述，暗合史传传统。在治丝而棼的社会史中，这是一笔无形的财富。作者最重生命价值，也为生命的虚无而暗自感伤。他将农人的质朴、名门的出身、天生的孝子、职员的敬业……集于一身。读他的回忆录，借由他的慧眼观测历史的偶然性的捉弄，每每不禁要汪然出涕。

他的观察，战争的小细节也以精妙的比喻出之。巴丹保卫战时，日本“一支完整的双引擎轰炸机编队，在耀眼的蓝空中闪闪发光地来到了，在远处，它们看起来是向太阳投射去的银币”。阵地被日本空袭后，“白色的兵营，一条混凝土直线，像一个玻璃匣子那样裂为碎片，屋顶上突出的马口铁的边缘，在一千磅炸弹的冲击下，像中国宝塔的飞檐那样翘了起来。金属碎片像五彩纸屑一样在控制回旋，令人毛骨悚然……铁轨和枕木卷成莫名其妙的图形……然后扫射起来，接着又轰炸起来……”这些都是不可多得的第一印象。

他对多场战事，点染杜鹃啼血般的总结叙说，于大势则直指要害关节，直指自由的精义、生存的目的。文字体现的胸怀，则示人以至诚。他的满腔孤愤、哀痛莫名，让后世扼腕伤绝。

华盛顿的官僚并不了解东方，导致麦帅单枪匹马地为此奋斗了几十年，令历史上罕见的成果最终毁于一旦。他对暴政有天生的憎恶与抵御，但美国国事为小人政客所乘，麦帅解职，投置闲散，锦策不用，世界大势就急转直下了。民众的良愿，就毁于一旦了。他的事业为小人所折损，终告铩羽，导致贤人裹足，都是小人瞎指挥的策略一闪念而造成。焉得不谓叫历史太沉重！历史无情，杜鲁门彼辈，已成名副其实的骨灰而已，真是青山无辜埋昏庸。而麦帅的意义却愈加凸显，像不灭的星宿，在时间里面结晶，给混乱而迷茫的夜空增添希望。正如他屡次演说的名句：“老兵永远不会死，他们只是悄然隐去。”

以铜为镜，可以正衣冠；以史为鉴，可以知兴替。读众多的回忆录，仿佛独驾扁舟，在风波浩渺的文学水泊里，静观周遭连山蓊郁，四面八方晨昏四季闪现不同的景色。《古拉格群岛》一书的作者、诺贝尔文学奖获得者索尔仁尼琴说过：“一句真话的分量比地球还重！”这种真话，必然在历史和时代中占有相当的分量。能否将回忆录看做文学作品，回答是肯定的。只是其文学的要素是文采、史识、思想，其终端则是真相，因而与虚构类的文学略有差别而已。

有不可信的材料，没有不可用的材料，这是一种陌生化的整合，由相距时空甚远的事象参互钩稽，来发现彼此之间无数的扞格矛盾以及无数的貌异质同。而历史歧途的重大性，致误的病根、病灶遂浮上前台。多量的回忆录文本参照互读，事象本质得以辩证会通，仿佛人工呼吸，顿成一强大之活体；又若激水然，一波才动万波随，史迹因果遂由隐而显。诚如梁启超所说，“乘飞机腾高空周览山川形势，历历如掌纹，真所谓俯仰纵宇宙、不乐复何如矣”（《中国历史研究法》，第六章）。

钱锺书先生说：“阳明仅知经之可以示法，实斋仅识经之为故典，龚自珍仅道诸子之出于史，概不知若经若子若集皆精神之蜕迹，心理之征存，综一代典，莫非史焉，岂特六经而已哉。”（《谈艺录》，第 266 页）即是说，不仅六经皆史，概有典籍，皆具“史”之内涵，而且是心史、精神史。其论史之眼光，高出古人、同侪。而唐德刚则谓：“我们谈口述历史与文学，应先扩大来谈文学与历史，才能厘清它们两者之间的关系。我编了十六字真言来涵盖文学与历史，那就是:六经皆史，诸史皆文，文史不分，史以文传。”（《史学与文学》）回忆录的上品，带给我们意外的文学惊喜，仿佛在幽微处发现亮光，在万枯之林遇洒法雨。其间史事生发的感喟，因为是建立在逻辑的知性考察上，故其发为感叹，颇具一种震撼人心的力量。回忆录之上品，既为最佳之史料，也应是极高明的作品，平淡竟能包举绚烂。其间佳构，文采斐然，议论周匝，踵事增华，由纸上风景回到历史现场，大可激发今人志气与幽情。即令历史的废墟，亦大可流连徘徊。

机智与浩然正气

机智乃是头脑或心智的旺盛花期，以超人的智慧胆识，见人之所未见，想人之所未想，发人之所不能发；以超常规方式，解决问题，常操胜算，高人一筹。

马克·吐温风采和机智的论辩技巧，向来为世所称道。他曾向邻居借书，邻居说：“好的，但我有规则：从我这里借去的图书必须当场阅读。”一星期后，这位邻居向马克·吐温借用割草机，马克·吐温笑云：“当然可以，不过我定了一条规则：从我家里借去的割草机只能在我的草地上使用。”这是将计就计，如臂使指。

美国有一位百万富翁，其左眼瞽，花巨金装假眼，绝逼真。富翁自得，常夸耀。遇到马克·吐温，乃问：“吾两眼假其一，君识之乎？”马克·吐温坦然指左眼。富翁惊异，曰：“何以知之？”马克·吐温说：“因为你这只眼睛里还有一点点慈悲。”这是曲喻旁譬，丝丝入扣。

舞蹈家邓肯女士尝与萧伯纳调情：“想想看，以我的容貌加上你的头脑，我们的孩子将是举世无双，天下无敌。”萧伯纳严肃地回答：“夫人，你可曾想过，如果孩子遗传到我的容貌配上你的头脑，他该怎么办？”这是发语警辟，危言耸听。

德国籍犹太大诗人海涅遇到一个旅行家。后者云：“我发现了一个小岛，这个岛上竟然没有犹太人和驴子。”海涅不动声色地说:“看来，只有你我一起去那个岛上，才会弥补这个缺陷。”这是借题发挥，意在言外。

歌德散步，与批评家狭路相遇。那人说:“我从来不给蠢货让路。”歌德说:“我呢，恰好相反！”歌德说完，就退到路边。这是绵里藏针，潜移默化。

真可谓，一人之辩，重于九鼎之宝；三寸之舌，强于百万之师。其法，往往是以矛盾解矛盾。抓住事态瞬息万变的契机，针对论敌的心理，巧饰辞令，以奇制胜，出人意外地征服对方，促使事态和时局向积极的、成功的方面转化，或转危为安。

此类事情之最著名者，乃是美国国父杰弗逊对政治非难者的醍醐灌顶的回答。美国独立战争后，一些批评民主政体的人辩称，“人是没有能力来管理自己的”。对此，杰弗逊只用两句简单明了的话，就把这种反民主的论调驳回了——

他说：“往往有人说，人没有能力管理自己，那么，难道他们倒有能力来管理别人吗？”

巧黠机变之精巧，所取得的实效之稳妥、准确、快捷，等等，都是出人意料、令人惊服的。

这一反诘，气象正大浩荡，逻辑严密，紧扣论辩主体。他所抓住的，是事物的基础和结果，即始与终均在掌握之中，而发难者就成了诡道之诡辩。这当中的关节，自然免不了他敏锐的头脑所起的作用，但归根结底还在与他对民主政治所抱持的绝高体认和信心。他以为，自治者，可能犯错误，但他们有机会来改正，他对人民非常信赖，只要有民主的良性轨道，人民即令一时受骗上当，然而在真理的条条大道都敞开的地方，人民会很快懂得排斥虚妄与有害的事物，“在老百姓识见通达的地方，他们可以自治”。他的眼光又非常全面。他以为暴政靠愚昧和谎言养大，在黑暗笼罩的地方，人们是不自由的；只有学识的强烈光辉，才能驱散迷信、解放人心、推行自治。他敏锐而强有力的反诘，来自民主先驱的心性底蕴。

针砭明代特务政治

丁易著有长篇小说《过渡》、中篇小说《雏莺》、论著《明代特务政治》《中国现代文学史略》《中国文学与中国社会》等。就其短暂一生而言，也可谓著述甚丰了。

抗战期间，丁易辗转西南、西北各大学教书。他的学术著作中，影响较大的是《明代特务政治》和《中国现代文学史略》。《明代特务政治》就其学术用心来说，还是杂文式的针砭时弊，历史资料比较直接地用来批判社会现实。

丁易这本书，写于20世纪40年代。在他当时，其同人也视为痛苦的绝叫，盖以社会的沸腾混乱业已达于极点，知识分子幕燕釜鱼，前途茫茫，因而发愤著书，意在影射，良有以也。全书构架开阔浩大，涉及如次诸方面：特务总机关、特务对最高政治的干预、经济的控制掠夺、如何伤害民间及行政系统、争权和内部的厮咬……他将守备和镇守太监也纳入特务系统加以研究，论述其对边防军的败坏，以及其以军队为触角；对民间的残害，则在通常的东西厂、锦衣卫之认识以外，另有清晰视角的建立。这些是他深入的思考发现。

当年他主要讲授中国现代文学史课程，就当时情形而言，确有开创之功。这本四十万言的专题大书，编织梳理史料的功夫强大得像重型部队；但他的深入还不是一种深化，即深而未化。较之两位比他小几岁的史学家黄仁宇、唐德刚，论一番分析综合的功夫他不及黄氏，而贯通、提领波澜起伏大开大阖的笔力又远逊唐德刚。缺乏唐氏那种抽丝剥茧地将史实铺陈的能力，自然就没有在此基础上据以点醒的精到判断。他的方法是史学的，但在行文中常有情绪化的字汇跳跃而出，如谓“特务总是像狗一样”云云，可见他对特务时代的痛恶。

他过细的细部放大而未能综合摄取，好像一支部队，辎重已经一线宏阔摆开，而兵员却尚稀松游离，故不大平衡而显散漫；亦好比布防失措，当然会引出一连串问题来。

当然，他的著作写于板荡混乱的战争时期，环境掣肘，非人力可抗。概言之，有搭架子的开创之功，仿佛建筑之平地基、起规模，有成型的屋宇可用。观黄仁宇的史论涉及明史的部分，似乎有时过于相信自己的概括综合能力，也漏掉了某些特殊而重要的细节，而令学术水准略打折扣。

至于其杂文集《丁易杂文》，则运用之妙，存乎一心，闪展腾挪，身手十分敏捷。看来他在短制和长构方面力量运用的差别，是相当明显的。

丁先生的《明代特务政治》运用《明史》的部分最多。较之谢国桢等人的著作，他的史料的开阔面不及，相当多的个人别集、笔记未见道及，影响到可以征信的深度；所以在其到手的资料上就不免过分放大，仿佛像素不够，则图像也就不免有虚幻之虞，缺乏举重若轻的膂力。

在那纠葛重重的乱世，丁先生意在求取人生的自由和尊严，所以一鼓作气搭建渲染成此，寄托他的微意。他的人生过早地谢幕了，他未能像他所期待的轻身上路；但他更没有料到他的挚友们，会在他辞世二十余年后堕入十八层地狱，在挣扎中经受人生灭顶的打击。他那时的知识分子蹭蹬坎坷，但精神上还不至潦倒澌灭。他没有预见日后的悲剧。他打击专制，但不能想象极权，因为他毕竟还不是奥威尔。

1943 年秋从兰州赴蜀前，他写了一首七律，其感叹读之使人心悸：

南北东西笑孔丘，枣花香里买归舟。
牌楼今已看三易，蜗角何期竟两秋！
狂态自知难偶俗，豪情犹复哂封侯。
书成廿卷千毫秃，纵使名山也白头。

诗中感叹沉甸甸的感觉久之不去。丁公以 1953 年谢世，年仅 41 岁。生活的折磨良堪浩叹。此也未始非福。倘若假以时日，至五七年六七年……风雪满头的滋味不知何以自处。他的至交陈白尘先生后来果然写有牛棚日记。智识者所受控制，与丁先生写书时不可同日而语，其全面性深透性也不是早逝的丁先生所能想象其万一。悬想当其友朋陆续返回九泉之下，告以实况，丁先生闻讯，不知会有何等的浩叹？可以推测的是像祥林嫂一样，她所受种种折磨令她呜咽悲鸣，到了阿毛不见之际，却只有痛绝无语唯剩木然了。

对社会而言，送走了伤风感冒，迎来“四凶”制造的肿瘤癌症，这是他和他那一代人始料未及的。衬以矛盾的连环套，来看他的著书心境，道一声可怜可哀又怎生了得！

《刑事警察》的深微苦心

一

美国电影《刺激 1995》又名《肖申克救赎》，写一银行家，因妻与人偷情时被双双刺杀在家。他则被疑凶杀锒铛入狱，判两次终身监禁。

此电影叙写惊心动魄的越狱。支撑故事的，有一关键之点：坐牢后他当狱中教员。他的学生景仰他，乃向人透露其在另一监狱服刑时，同监一恶魔向他炫耀的杀人案：所杀正是银行家的妻子和她的情夫。学生祸从口出，遭恶警射杀于监狱空地。一个彻头彻尾的冤字，加剧了银行家的痛苦，也加深了冤案的悲剧性。

因典狱长及恶警的暴政，更出于对自身无罪的认定，促使银行家决计越狱，发大愿铺垫自由道路。希望是危险的，它让人发疯。19 年后，他挖洞越狱成功，当时掩盖洞口的是美女的画像，那是渺茫不绝的象征。

当犯人入狱之初，询问开饭时间，卫队长暴打之，并说："我们让你撒尿的时候你才可以撒尿，我们让你拉屎的时候你才可以拉屎，我们让你吃饭的时候你才可以吃饭……" 那家监狱象征一个强大而又荒谬残忍的制度。

这是电影，而在现实中，每个人都有可能是剧中的主角——冤案的冤大头。

日常生活埋葬着所有的希望和梦想，以及对幸福、自由、友谊和爱情的感知能力。

监狱里的银行家用半生心力博取自由，生活在现实生活中的我们呢？

二

云南昆明“杜培武冤案”，乃是当代奇案，所有涉案人都是警界人员，牵涉警察对警察的刑讯逼供。杜太太也是女警，和另一民警夜晚郊外偷情，被杨天勇以巡查为名缴械，转而将两人击毙，抛尸在一辆面包车上。

其实杜氏对太太的偷情懵然不知。

“杨天勇掏出五四式手枪说：我们是缉毒队的，请你们出示证件接受检查。车门打开后，三人用手电照，见车内有一男一女。男的拿出证件给杨天勇看。杨将二人上手铐，并问有否带武器，男的答带着。杨令其交出，接过后上了膛，并把自己带着的五四式手枪拿出。女的提出要看杨天勇的证件，杨拿出证件给她看，女的看后问：你是派出所的？你叫杨天勇？杨二话不说，即用刚抢劫的七七式手枪先后朝二人的心脏部位各开了一枪，二人当即中弹身亡。其中一位女性即是老杜的妻子。”（据新闻报道）

而侦查者自作聪明，以为婚外恋命案必与丈夫有关，遂将老杜羁押。其后多番拷打，强制无眠，电警棍冲击，长时间悬吊，最惨之时，冤主只求速死……于是屈打成招，一审判处死刑。云南省高级法院鉴于“杜案”扑朔迷离，案情中疑点难释，遂改判杜培武死刑、缓期两年执行，随后送往云南省第一监狱服刑。

杨天勇原系昆明铁路局某派出所民警，曾在部队服役三年，精通射击，仇视社会人群。其黑色记录：先后作大案二十三起，共杀死十九人，杀伤一人。死者中，女性二人、现役军人一人、警察三人、保卫联防队员三人。其人作案，采取警务查车手法，伪托犯规查证，将受害者押往郊外据点，至则扑杀之，然后分尸浇油，焚烧或大锅煮化。肉汤喂狗喂鱼，骨头掩埋。

后来破案，在杨天勇的住处搜出七七式手枪一支，弹匣二个。经鉴定，该枪就是受害人的佩枪。

可笑的是，“杜被警方控制后，十只警犬（其中三只全国功勋犬）对他进行了四十三次气味鉴别，四十一次认定杜的气味与昌河车上的气味同一，证明杜在案发前后驾驶过该车；专案组从北京请来的“中国头号刑侦专家”也认为杜的作案嫌疑不能排除；公安部专家对杜进行了测谎试验，结论是杜应知情或参与作案。”（据新闻报道）

种种离奇、巧合，案中案，案套案，案生案，种种冤屈及冤屈之深，种种可惊可叹……说此案为近世第一奇案也无不可。

对杜培武来说，这是典型的飞来横祸：人在家中坐，祸从天上来。

案件最终破获的关键在一团伙成员使用受害人的手机，否则将一直在迷雾中。这具有极端的偶然性。倘非如此，杜先生势必牢底坐穿。即现宣告无罪，身心所受重创既成事实，难以复原，此最为痛心者。杨犯所杀老杜妻等，属于典型突发案件，既非仇杀、情杀，也非劫财，也非雇佣杀人……所以破解难度很大；但怎么可以因难度大就狗急跳墙、指鹿为马，百分百地冤枉无辜之人呢？！

又有聂树斌案。河南警方抓获可疑男子，即犯罪嫌疑人王书金，据其自供，押解其到石家庄市郊区作案现场指认，一一复合当时过程，他才是真凶；而聂树斌却早已成为孤魂野鬼。后者于十年前被执行死刑，枪响命毙，再也说不出他的冤屈了。2005 年 3 月中旬，河北省有关联合核查组始介入复查。

又有湖北佘祥林案，“被杀”妻子十一年后再现人间，“凶手”丈夫服刑十一年，真相大白之际，却已发苍苍、体衰微。当年湖北京山县法院以故意杀人罪判处佘祥林死刑，后因“证据不足”逃过鬼门关，改判十五年徒刑。今年春上，被“杀害”的妻子张在玉突然归来……只好释放佘祥林。好在佘祥林尚未处死刑，否则又是可怜冤鬼。

……

三

从平面新闻的报道来看，这类案子仅为冰山一角。

所有这些冤案，甚至并不需要多么高深的刑事侦察水平，或牢记多少法律条文，只需要基本的人文素养、一定的文化水准、起码的道德良心、正常人应有的怜悯意识；甚至不需要过多对照规条比较，也不需要专家出面给大家条分缕析，只需民间朴素的是非标准便能厘清事理——即令一时不能获取真凶，但也不至拿捏无辜啊！

然而没有，没有基本的判断、起码的同情和动一点脑筋的素质、动一点脑筋的念头。没有，这些都没有，只有盲动、愚蛮、欺瞒、恶浊、凶残、毒打……暴虐的一片黑黢黢的盲区。葫芦僧判断葫芦案，政法、新闻、教育、卫生、金融……几乎所有的行政系统，效率低下，人浮于事，不务正业，吃酒搓麻，草菅人命……皆起于基本的人权观念不具，基本的人文观念严重匮乏。

行政司法权的漏洞，使有司为刀俎，无辜为鱼肉，没有申说的余地。他们利用的就是这个。办案人员急于求成、先入为主、疑罪从有的错误观念导致了冤案的发生，肉体、精神和形形色色的折磨迫害下，精神迅速崩溃，冤者不想求生但求速死。

钱锺书先生对“文革”中搞清查罗织罪状、大搞逼供甚为反感。他用“强者不吐实，弱者吐不实”来形容清查之失败。

如何才能把冤案控制在最低线呢？有人说：这不能不让人对死刑制度再作思考，于是倡导取消死刑。笔者以为，这不涉及死刑制度的问题，而是刑事侦查的制度问题。死刑是必要的，须由它来制裁真凶。真凶怎么获得，必须仰赖刑侦制度的严谨。人的价值、人的生命是头等宝贵的，法律之以人为本，首先应在刑事追查阶段体现之，一是一，二是二。如果仅凭疑案之疑点即做想当然的证据移送法院，不出冤案才怪。

如在杜培武一案中，要从看似最简单的有无作案时间入手，以及他对婚外情所知多少、有所预知还是懵懂不晓，以及作案可能的细节来反套是否可能……就是他本人，也提出诸多不是案凶的有力证据，然而……拿警犬来闻，下下策也！真凶早已逸脱安全地带，隔岸观火、嘲笑不休呢！不要那么相信狗，狗甚至会追闻毫不相干的人；甚至也不要那么相信测谎的电波曲线，很多时候，坏人的心理素质，高出良民不可以道里计。动辄刑讯逼供，只能说明素质低下、心术不正、昏庸加凶残。警务下层人员，读书很少，如果不能提高其文化水准，实际上就可以给他们灌输冤冤相报的宿命论思想，以为应急之用，令其有所收敛、有所顾忌。提高破案率，动辄刑求，那是野蛮时代的行径。任何形式的刑讯逼供行为，应该一律从行政上予以取缔。

或者，我们可以到旧书里面找新思维。

或许，像毛文佐先生苦心经营的《刑事警察》一书，即可提供刑侦的准则和参照。

四

《刑事警察》，毛文佐先生六十多年前（20世纪40年代）所著。其所强调，“刑警为人民师保，为人民生命财产之寄托者”，故其业务，需要经验丰富、学术专精之人。

作者谆谆告诫，发现蛛丝马迹，并由此形成一极有系统之案情。因为犯罪必有事迹，这是在联想训练这一节里面讲的。而联想之要义，我以为在正反两方面的排除；绝不是先入为主的概念来左右，然后才寻找蛛丝马迹。

在《特殊训练》这一章里，在细讲技术要领之前，他首先强调的是，刑警对人的观察与判断。所观察之对象为人，所以极不容易获得确实的结果，所以，其最要之点，在于刑警本身之健全。

在训练之科目一节的开讲之前，他又特别提出，刑警须有政治头脑，否则极易被人挑拨离间，助纣为虐。因为近代以还，党派斗争激烈，国际关系纵横，犯罪事实应运而生；倘若没有政治素养，一旦事变发生，必将无所措手。

全书分九章，一百余子目，只有将近十万字的篇幅，而叙述练达，文字雅俊，词约旨远，表述准确可喜。当中如追查之勤务、搜索之要则、人事识别、联想训练、审问之要点、分类侦查……俱精微入骨，读之令人警醒拍案。而细目中的追查措施，如弹痕血痕的勘察、犯罪后的心理影响、刑事警察人员内在的危险性、现场的意义，等等，更是细入毫发，有举一反三之效用。即今高科技发达之时代，其精彩叙述也具有不可替代之价值，仍然是研究预防与侦查犯罪之枕中秘宝，不是今之刑侦教案枝蔓拖沓、表述游离所可望其项背。

当时的中央警官学校教育长李士珍给此书作序，特别指出中国过去之治狱，“多以心证济物证之穷”，于是就不免苦打成招，就不免敲骨吸髓，就不免武断卸责……他认为，这乃是侦查科学和法治精神两端，为刑警工作之命门。否则，“冤狱无获伸之门，积重难返，驯使良善为鱼肉，公廷为怨府”。可见，刑警之任务在破案，但世界上最优秀的侦探，也有破不了的无头悬案。总不能为了破案，而用臆断代替证据和侦查；那样一来，就和刑警的工作精神背道而驰了。

毛文佐先生的初衷，乃是为法治时代立心，为科学运用请命。他说，“犯罪未觉，既觉而未捕，既捕而证不足，则暗数增焉”。“暗数”——他的担心就多了，办案贵精确明辨，“以不学无术者司之，操切擅断，则囹圄多枉曲之人，棘林多夜哭之鬼。”这些办案可怕的方面，他考虑极为周详。

那么刑侦之最关键之背景在于什么呢？毛先生也在序言中重墨点染，刑侦得宜，则秦镜高悬，方始不为空话。燃犀烛怪，奸宄无可遁形，“曲直自无枉错，用知暗数之大，冤狱之成，其弊乃在侦查之人，而非在惩罚之法。亦即在法之用，而非在治之具也”。这也就是笔者前述关键不在取消死刑与否，而在刑侦之得宜与否。

在毛先生的书中，不难看到他深曲的苦心。

即今而言，养成动脑筋的习惯，破除想当然的恶习，乃为重中之重。

读书增进人文修养，屠沽操刀，以宰行政，那是国民的悲哀。长此以往，也是国族铩羽的不祥之兆。因这一类头脑狭隘者得为司法行政之主轴，则稍具思想之有为可用之士，便思效乘桴浮于海之故事，收声敛迹，或明哲保身，或隐忍做人，甚至远走他国，以期自保头颅。如此则小人道长，君子道消，国族精神势必陷落困顿不能自拔。社会之黑暗状况，由此加深加剧。其所影响大处，传统思想斯文扫地，自由之花蹂躏无余，文明消退情形至为可虑。

刑侦人员毕业的最后一课应该是人命高天的认知。认识不到这一点，不能谓之毕业。

作者毛文佐先生，当时任中央警官学校刑事警察系主任，曾在美国留学研习刑事侦查数年。他的这本书，有开创之功。盖于此之前，中国刑案，重视司法警察，而刑事警察制度还在草创发轫阶段。《刑》书问世，蹊径独辟，开辟草莱，极为珍贵。当时日本飞机常来轰炸，他们的教具也随警报搬进搬出。就是在防空洞内，他也不倦地和学生探讨。

我看的这个版本，是民国三十三年（1944 年）商务印书馆的刊本，为重庆手工纸即草纸印刷，整整六十年过去了，纸页尚完整，字迹尚清晰。悬想当时国破山河在的情形，真有难为前人努力的感慨。

五

近年在全世界享有盛誉的“活的福尔摩斯”李昌钰先生所践行的，正是毛文佐先生强调的破除“暗数”的科学精神，以及常识和良心。他的座右铭“至诚信义”，即须保有最起码的道德底线。

辛普森前妻被杀案、“9·11”恐怖袭击、台湾“9·19”枪击案……李先生介入多起具有国际影响的大案调查。

他曾回答记者：

美国警察问:“李先生，那么多的案子，您是怎么找到证据的？”我说:“我归纳了七种简单方法……站着看、弯腰看、腰弯深一点看、蹲着看、跪着看、坐着看、各种方法综合起来看。”

他还强调：在美国，特别是做鉴识工作，必须清除潜意识，让物证说话。比如辛普森案。辛普森是黑人明星，被害人尼可是白人，其间就有种族矛盾。案发后，百分之八十的黑人认为，辛普森无罪，而百分之八十的白人却认为是辛普森杀了尼可。社会大众期待真实证据，所以我们只能让物证说话。

李昌钰简述他参与调查的那桩世纪奇案：

1994年6月12日深夜,一桩命案哄传美国。辛普森乃体育明星，其前妻身中八刀，她的男友、黑人侍者身中二十七刀。很快，警方认定凶手即辛普森。他们的证据是，现场有辛普森五滴血迹、一只手套。警方还声称，已经找到了第二现场，即辛普森家。因为那里也有一只血手套、一只血袜子等等。

“他的家人请了美国最好的律师团，又向我发出了邀请。”

“按照警方的推断，辛普森要在三十分钟之内，刺人三十五刀，连杀两人，再跑回家脱了衣服洗澡，出门上车去机场，按照常理，这太不可能了。我进行了仔细地取证和检测，结果发现，现场留下的辛普森的血迹里含有防腐剂；又发现，警察从辛普森身上提取的七毫升血样，少了一点五毫升。据此，我们提出了办案警察作伪证的报告。

“法庭调查长达九个多月，辩论持续了五天，当时，我还担任着康涅狄克州警政厅厅长职务，破例出庭为辛普森作证。洛杉矶警方原本搜集的一百多条证据从而变得疑窦丛生，辛普森最终被无罪释放。不久，洛杉矶近四百名警察因作伪证受到处理……”

倘若刑侦系统以前贤和时贤为圭臬，勤苦努力，增素养、培根基，将来或许可以看到文明刑侦的再生和新生。

毛文佐：《刑事警察》，商务印书馆刊本，1944年。

山河岁月说悲欣

——王春瑜《悠悠山河故人情》读后

史学家王春瑜先生散文集《悠悠山河故人情》在读者和友朋的期待之下，终于由商务印书馆隆重推出。

本书虽由多散篇组成，实为一种别致之自传。

艰难岁月，人生悲欣，生活劳碌，世道坎坷。回忆母亲，集中表现农耕社会传统美德，渗透之深，与生命旅程同始终。卷首这篇怀念母亲的两万余言的长文，母亲是劳苦大众在现当代历史中的一个符号或缩影。母亲不仅孕育生命，而且护持生命。无尽的爱，永生的情，椎心的痛，悲郁的悔，长久的叹，分量重如磐石，共汇为对世事的思考、追溯和求证。母亲如此，妻子亦然，同样是中国传统美德护持的妇女典型。她们生活的时代，板荡紊乱，天地不仁，以万物为刍狗。正如杨绛先生《干校六记》所说，最经磨的还是人的血肉之躯，至于磨难的种种细节，实有今之年青的一代所难以想象者。

社会转型期漫长的苦难中，也有另外一种情致，是在稻花香里，溪头卧剥莲蓬，那样一种相仿佛的情景。王先生在儿童时代，和一个农家小姑娘相熟，小姑娘“美丽、活泼，20 世纪 50 年代初，曾跟我一起在坟地里放过牛。我们很聊得来”。苦难中的美好，记忆尤显深刻。乡愁，是一种空间概念，更是一种时间概念，一以其距离，一以其久远。农耕社会的美丽与哀愁，被王先生那一支深邃婉转的大笔，描摹得冥冥漠漠，令人难以释怀。

全书虽以一情字结构贯穿，但于人生悲欣，屈辱与辉煌，成长经历，名人逸事，读书治学之法，时代之烙印，无所不包，渊然融汇，生成一种巨大的感染力。这也正是山河故人沉郁情愫的最佳铺陈。

师友之情，论表达、开掘、记叙的深度，都非他莫属。贾植芳、周予同、蔡尚思、陈守实、谭其骧、王造时、周谷城……来自于作者的亲历和第一手记录。他笔下的黄仁宇，是独一个，勾勒出黄氏的真面，别处见所未见。这已不是单纯的史料，而是综合的作品。老师辈的一代学人，多保有刚直不阿的道义风骨，也系传统美德亮点的闪耀。这一代人走过，古调不再，真是过了这个村，就再也没有这个店了。就春瑜先生的切身经历看来，已是一种稀缺的资源，读之不免浩叹。

许多作者笔下独有的掌故，深深蕴蓄着史家的趣味和认知。人格、学术、思想，锻于一炉，其味深郁。此刻，作者兼有史家、作家、新闻记者，多位一体的功用。若非他的发掘，这些宝贵的学界珍闻，或将永归湮灭。

由作者迟发了十五年的论文，可知人生世味的盘曲纡徐，而终有豁然开朗之感。散落其间的对社会经济流弊的点醒，可称不刊之论。作者自幼深尝世味，故对于穷困之人，多抱深厚之同情。

他对已故杂文家牧惠的满腔真情，一片天真，一片血忱，简朴淳厚的忠义，永远对照人性不可测的阴暗。讲义气，内里性质实为温柔敦厚；所作所为，必为俗儒所骇。史学家尹达，则其生平履历，真可谓一部微缩的当代史；人生路径，又符合文学中人物性格多重组合之原理，千古永恒。而人性在风云变幻的时局中，又沦落了几何？此类生活本身的复杂性、戏剧性，往往是当前肤泛的网络文学所无法想象的。“只要有我这支笔在，我就不会让一群陷沙鬼把您拖入烂泥的深渊。”作者一支闪转腾挪的如椽之笔，也确实是当代知识界货真价实的金不换。

游历的记叙与生发，为春瑜先生所最爱。他出游的频率与兴趣较之我辈中年人，都要远远过之。这一辑是山河情，炉火纯青而趣味浓酽：既有近在咫尺万众皆往的故宫，更有远在边陲、人所罕至鲜闻的僻境。历史的依据，当下的关怀，悠远的期待，由于其综合性与独特性为当今文界所少见，远驾寻常记游文之上。史家的眼光，作家的笔触，地学的点染，人文的浸透，支撑起他那一架蓊郁灿然的文字世界，出象外象，现身外身，信手挥洒，便成佳文。

《悠悠山河故人情》渗透着文字疗救的底蕴，虽然道路崎岖，关山险阻，但是救倾扶危的目的一日不达，他的责任便一日未解除。镶嵌其中的现代性的话题，诸如环保、体改、民生等，尤见其孤臣孽子的用心，时时强化着对道德与社会议题进行辩论的能力。文章的力道，综合学殖的渗透，绵长如老酒，厚实似汉砖。硕大的命题经他写来，也有作大文如烹小鲜的从容，随手拈来皆成妙谛。

王先生一生的坎坷经历不免风吹雨打雪满头的沧桑况味，更铸成他学术品质的刚性。其点染的敏锐、批判的到位、叙写的深度，都在向他的老师甚至是老师的老师那一辈民初学人靠拢，而又颇具时代的赋予。内在精神与独立品格，强烈的良知诉求和道义担当，既剔然解除了他同代人的具有“话语正确”神经质的洁癖，更摈弃了今之学界时髦的伪学术理论，以及其匍匐拾余唾的追随者。因前一项，他的独立思考渊然显现；因后一项，他的高岸风标卓然建立。他的学术思想、批判的意绪，在此部文学性的大著中也以另一种方式屡屡呈现，从接受美学角度而言，读者感知、观摩之所得，是多重的、持久的、深远的……

王春瑜：《悠悠山河故人情》；商务印书馆，2010年8月初版。

谈谈读史热和写史热

读史热似乎承接种种情形可疑的历史剧而来，填补了读者选择的一定需求，一阵热闹后似已偃旗息鼓；而写家们却欲罢不能，从远古翻搅到民国，人与事一时颇不安宁。他们的“新写史”包装俗艳，在书店里面占据重点书架。

这类书包装相似，遣词造句也仿佛同出一个师门。这些写手和拥趸于历史并无了解的兴趣，却有一知半解的言说的欲望。彼辈祭出黄仁宇的架势，端起马尔克斯《百年孤独》的句法，做出大有深意莫测高深的样子，然而一读之下，瞬间迷糊。

看不出他们对原始材料有何兴趣，当然也无法感知第一手资料的生命力。只从网络上搜索第 N 手错讹百出的材料，连缀成篇，据说高产者跟港台写报刊武侠连载相似，一天产出万言以上。

学黄仁宇，借以取巧，借以藏拙，用心不可不谓狡狯投机。殊不知黄氏写史，于传统梳理外，更有一种会通式的内功，蔓延评骘，自有一只“看不见的手”在勒控收束。此类写手智不及此，知识储备更是望尘莫及，于是霸王硬上弓，强为之，强等之，结果写出一种“啥也不是”文本，文学乎？历史乎？文字垃圾乎？吾不知矣。

这些理解力、解读力均捉襟见肘的写手，甚至还要玩弄“幽默”，历代不同的军职，诸如车骑将军、都尉、游击、把总、都督、提督……一律被置换为军区司令、参谋总长、前敌司令、纵队司令、陆军部长；一看到军机处军机大臣就想到参联会主席，不知其为政务机构……还有将民国三十四年（1945 年）直书为 1934 年的写手，也在那里大言不惭做分析历史状，甚至将古人划分成分、出身，戴上地主、富农、雇农、布尔乔亚、小资等帽子，真是时空错乱，不知将伊于胡底。失去了基本依据的分析像断线的风筝，不着边际，这样的印刷品不知是学术普及还是戏说搞笑？令人头痛。

历史千头万绪，在此类写手那里，并无打通的方式，也无疏浚的能力，于是历史在他们面前变得荆棘丛生，但他们就敢在这两眼一抹黑的状况下，大步走出，甚至假模假式给青年指路。其危殆万状，真不言而喻。

若寻常散文随此类写手端起架势，还能像江湖拳师一样唬人。但是历史隧道里的人物与事件经纬万端，没有十年冷板凳的功夫，没有渊然融合的会心，不痛不痒地发抒感慨，必然像洪教头遇到林冲一样，甫一交手，就要丢人现眼。这些写手似有预感，于是不例外地操弄一种万金油式议论，东抹西抹，其议论从三皇五帝到光绪宣统，万能公式一样，时代的夹缝啦、背影啦，历史的棱角啦、悲剧啦，人生的风雨啦、价值啦，× 朝的那些事儿啦……胡天胡地，牛溲马勃，随他乱扯。

历史这门学问虽然和理工农医研究的路径大有区别，但是差之毫厘、失之千里方面则是一致的，真正的历史家对基础的功夫要求极高。吕思勉先生认为行远自迩，登高自卑，打基础的功夫不能省略。吕先生在《为学十六法》中谈到过这样的事：学术界的一些不学之人，喜撑门面，于是就罗列书名，以多为贵，但是从背后的细节就能看出他们的谫陋。他说在 1924 年的时候，胡适之在北京曾经开列了一个最低限度的国学书目，里面列了很多书名，都是比较荒唐的，有的甚至连最专业的学者也未必阅读，而是仅供检索的书。这个书单一看就知自己都没有读过的书，却开出来做门面。譬如说“前四史”《通典》《通考》等书，乃是关于中国学问最基础的书籍，这个书单里面一部都没有，却有《九命奇冤》等书，其荒唐在此。

今之写史热的写手，一样是硬撑门面，其人对人物、制度以及历史机杼的转捩懵懂无明，却敢下笔万言，看似侃侃而谈、指挥裕如，实则似是而非、隔靴搔痒。其对时局之纷纭错综，略无整合包举的功夫，任由笔下支离破碎、错漏百出。在他们的笔下，通俗的功用、学术的积累，全不相干。动辄二三十万字的文本，始终是一种毫无历史纵深感的平面文字，较之民国史家写史的沁人心脾，如老米煮饭捏不成团。他们依托一种万金油式评论来“救市”，来抒发他们的“感慨”，一望而知是塑料花，绝非真香活色。其后果，造成一种信息的模糊，历史真相，反而无法识别。

本来是十三女儿学绣，偏要学力士扛鼎，其样子必然是滑稽突梯。

聪明的出版社已在印行民国史家的史评、史述、史论，这是一个开掘不尽的宝库。他们看到了读者高明的选择和渴求；而鲁钝不悟的出版单位还在和那些可疑的写手勾勾搭搭，殊不知前景不妙，因为读者渐渐不买账了。

厚诬先贤，史学末流堕入魔道。

《文史天地》杂志 2010 年 8 月号，刊出一篇怪文《孙中山的道与术》（作者游宇明）。

此文作者劈头数落中山先生："作为一个历史人物，孙中山也难免有着种种局限，比如他常常把对革命的渴望放在程序正义、国家长远利益之上。"

随之发表一通完全背离史实的论述：

"1922 年 6 月 16 日，因为建国理念的分歧，陈炯明手下的粤军发动兵变，包围越秀山下的总统府，要求孙中山下野，其时孙中山事先得到粤军第三师师长魏邦平的警报，已离开住所，从黄埔口登上了永丰舰，但府内卫队拒绝缴械，双方发生激战，至午后粤军才占领总统府。孙中山对陈炯明的行为非常气愤，下令舰队向广州城内开炮，次日，再行乱炮轰击。两次开炮，造成广州市民死亡人数过百。"

此公这些不着边际的论述从哪里来？他说是引用一个叫做邵建的《瞧，这人》（广西师范大学出版社）。批评孙中山，可惜不着调。无论是邵建，还是游宇明，短短一段话，处处是错，错得离谱。

事实，即历史的本来面目如何呢？

原来当 5 月上旬，北伐已经发动，陈炯明眼看有机可乘，加紧联络吴佩孚，并派叶举所部五十余营进驻广州，广州卫戍司令魏邦平无法制止。陈炯明欲壑难填，乃不惜赤膊上阵，他唆使叶举等人要求中山先生任命陈氏为广东省长并复任粤军总司令。

中山先生在陈逆谋反迹象渐露之际，他的顾虑首先并非自己的安危，而是以民众的生命为考虑之首要。此时他连发训令，严禁私自招兵，为的是安顿民生，严防演成恐慌之象；又严禁各军拉夫，为的是保护商旅，裨使人民正常生活贸易。

即使到了这个时候，先生多次对陈逆晓以大义，复电叶举、魏邦平，表示对陈氏"始终动之以至诚"。这时候是 5 月底，陈逆行为又如何呢？他加紧唆使叶举、钟景棠、杨坤如等部强逼各银行兑现，截留各县捐税，借以动摇全市金融秩序；同时派兵四出威逼商家，强买强卖，全市商贸大为恐慌……陈氏如此作为目的是曲线支持北方军阀，动摇北伐军后方。此时北伐军正在江西作战，攻势凌厉，连克数城。6月初，陈逆加快谋反步伐，广州人心，一夕数惊。这样的情况下，中山先生仍一本至诚，通知叶举前来当面谈话，以商谈方式解决问题。而陈、叶居心叵测，借故坚不往见。

此时曹锟、吴佩孚业已打入北京，拥黎（元洪）复大总统位，曹锟、吴佩孚勾结南方陈炯明，试图南北夹击，遂行直系武力统一全国之企图。对此恶势力的披猖，全国人心如何反应？东南、华南各民间团体纷纷通电，反对黎元洪窃权祸国，盼望中山先生督师北伐，表示“誓为义军后盾”（《孙中山年谱》）。

陈炯明内心慌乱自然更加不择手段了。6月上旬，程潜前往白云山附近叶举驻地，察言观色，知其必将叛变，立即回报中山先生，请避往韶关北伐大本营，而先生不允。

最先报信者，乃是程潜，而非魏邦平。

中山先生在6月6日发表《工兵计划宣言》，欲实行工兵编制的考量，理由充沛，其中要点即在保障民主社会的硬指标，即国会的安全：“盖数年以来，丁壮涂肝脑，老弱死沟壑，均此辈所构成；此而不惩，则人何惮而不为恶？……祸首既惩，则乱法之武力，无自发生，故军队之安置，宜为要图。”

6月13日，北伐军攻克赣州，意外查获多件吴佩孚、陈炯明往来电函，其内容皆图谋夹击北伐军，用心险恶，意图坐地分赃。当日，陈逆密令所部大举叛乱，试图全盘控制广东，予北伐军釜底抽薪之打击。

14 日，陈逆召集军事将领会议，部署叛乱细节。15 日，叶举所部在广州到处张贴布告，要求中山先生下野，“国会恢复，护法告终，粤军将士，一致赞同。请孙下野，表示大公，诸色人等，安居勿恐”。

叶逆指示部属，先围攻总统府，占领各行政机构，派一部北击韶关，“并悬赏二十万元谋害中山先生”（《陈炯明叛国史》第十章）。

15 日傍晚，秘书林直勉往见蒋光鼐、李章达，探知叶举已经会议布置谋反，通往总统府各条道路均派兵控制，阻绝交通，并占领行政机关。9 点钟，他就前往越秀山面报中山先生，告知情况紧急。先生还不相信，决意不走，林直勉只得离开。

总统府的卫士一共五十多人，由姚观顺、马湘等人率领，武器则只得三十支手提机关枪，子弹一万余发。

16 日凌晨 1 时，各秘书并卫队开始紧急布置。林直勉又往中山先生住处，说是大规模攻击即将开始，催促离开。中山先生镇定如常，“再三强之始行，临行穿长衫，从容自若，下越秀山，经今纪念堂北路……”林秘书口称带老人看病，通过层层乱兵之中，行至海珠岸边，雇得一小艇，被海军士兵喝止。林秘书称将与海军部长温树德有事面报。温部长见到中山先生，即知叛乱已发。先生催温树德下舰，并发手令讨贼。

到了海珠军部，听闻天字码头一带枪炮大作，此时叛军已经大打出手了。

先生脱险后，即登上楚豫号军舰（而非永丰舰，即中山舰），召温树德、陈策等人训话。次日即 17 日，伍廷芳等来探视。其后楚豫号军舰启动，驶过大沙头，开抵白鹅潭。这时李章达、薛岳、叶挺等人前来向中山先生禀报，说是总统府警卫团因弹药耗尽，业已溃散；不过孙夫人（宋庆龄）则受到卫队妥善保护，已脱险。

他们报告一件要事即是，总统府已被占领，乱兵正在其中搜索盗窃。先生闻讯，即命令各舰回攻，集中向总统府射击，打中正在搜窃的无耻乱兵。

6 月下旬，汤廷光、叶举、魏邦平以陆海军的名义发布告，还在吁请“孙公下野”(《北洋军阀统治时期史话》)。然而，海军官兵忠贞不渝。他们各举代表，前往永丰舰，谒见中山先生，声明绝对服从中山先生，至死不渝。海军全体官兵并发布讨逆宣言：“我海军自随我大元帅南来护法讨贼……乃叶举等包藏祸心，通敌谋利之不已，竟敢犯及元首，破坏政府，纵兵残杀，劫掠无所不用其极，罪恶贯盈，当为天下所共诛。我等奉命声讨，先行炮击，冀其私心一悟，改逆从顺……”

17 日上午，中山先生转登永丰舰，指挥讨逆，向观音山（越秀山）、五层楼等处叛军据点射击。

陈逆在广州杀害广三铁路局局长夏重民等人，以泄其未能杀害先生之愤。

陈炯明看到海军如此忠勇，不禁落魄丧胆，乃不惜使用下作手段，派人携巨款前往运作，妄图诱使海军将领叛变。殊不料被海军官兵一番痛斥。

这时海军司令温树德应叛军的请求，前往面议停战办法，得到中山先生的许可。于是他就率两条舰艇，从黄埔驶入广州，商议停战条件。

海军士兵深明大义，素质极佳。他们为了表示服从中山先生，宣誓全体加入中国国民党，决心矢志不渝追随先生革命。当时他们只对先生无条件信从，而对海军本部最高长官也持疑问态度。当温树德与叛军会议商定条约，本是中山先生同意的，但士兵不知道。他们见有条约，于是群起怀疑温树德倒向叛军，恐其将对中山先生加害，于是决然持枪敌视，不准温司令回舰；同时派代表前往向中山先生请示，得到先生确切答复，知系先生许可，这才准其司令回舰。

到了6月底，海军各舰长登上永丰舰，“声明拥戴总统，表示其始终服从之决心”。

6月29日，蒋介石从上海到达广州，马上来到永丰舰中。他在沪临行前，留有遗书交张静江，托付后事交代经国、纬国养育事，旋即毅然含泪登程，到达后立往先生身边，当天谈至东方欲晓。

陈炯明得知蒋先生抵达，惊慌失措。“陈闻兄来，面色发青说：‘他（指蒋）在先生身边，必定出许多鬼主意。’”（汪兆铭致蒋介石函）两天后就派钟荣光持其手书登舰晋谒中山先生求和，实为缓兵之计。

除钟荣光外，魏邦平也在做陈炯明的说客。7月1日，魏氏登舰晋谒，代陈炯明求和，试图调解。中山先生对其责以大义，勉其效法陆秀夫，而以文天祥自待。先生表示，陈逆如此倒行逆施，“陈炯明对我，只可言悔过自首，不能言求和”。

稍后陈炯明又派洪兆麟来晋谒，名为谢罪，实为实施阴谋，表示以他的兵力拥戴中山先生当总统。先生严词峻拒，并要求陈家军退出广州百里之外，免使人民遭殃。“吾为国会选举之总统，不愿为叛逆军队拥护之总统也。”（《孙大总统广州蒙难记》）

中山先生一直处于陈家军有形无形的包围之中。7月10日早晨，先生率五艘战舰，以永丰舰打头，从三山江口向车歪炮台轰击。行驶到车歪炮台附近，叛军在此布置周密，兵力足有两营之多，以大型野战炮瞄准永丰舰发射。永丰舰中弹，船身震荡，其余各舰也均受伤。中山先生站在甲板上，向炮手教以测量瞄准之方法，对岸上敌军密集的枪炮弹，漠不为动。黄惠龙、马湘、蒋中正、谢心准诸位在先生身边侍卫。

直到8月9日，北伐军回师失利，又得知陈逆方面有爆破永丰舰之计划，知势不可为，中山先生乃乘英舰到香港再转赴上海。

上述过程的梳理，约略可知事实的大概。何以说游文或邵文句句是错呢？

“作为一个历史人物，孙中山也难免有着种种局限，比如他常常把对革命的渴望放在程序正义、国家长远利益之上。”程序正义乃是一个法律用语，在军阀强人的肆虐之下，何来实行的空间？程序无所见，正义更不知踪影。再说了，任何程序之预设，必须针对双方。阁下不可以说，陈炯明的叛变乃属国家正义，对其纠错，就是违反了程序正义。辛亥革命所要革除者，乃是集权专制，难道集权专制等于国家长远利益？该作者头脑的昏腐绞缠，殊不可想象。

欲得程序正义，唯有依循中山先生旌旆所指——正义的程序——国民革命，扫除专制腐恶势力，还国民一片青天，如此这般，程序正义方具遂行空间。

至于“建国理念的分歧”，与建国理念无关，陈炯明私欲膨胀，祸害乡梓社稷，欲与北方军阀坐地分赃，这是哪门子的建国理念？

“第三师师长魏邦平”，应为卫戍司令。

“其时孙中山事先得到粤军第三师师长魏邦平的警报，已离开住所，从黄埔口登上了永丰舰。”这是没有的事，中山先生直至15日深夜，各方来报，敦请先生离越秀楼（越秀山），他仍不为所动。中山先生离开越秀楼，走到长堤，前往海珠码头，绝非什么黄埔口，更没有登上什么永丰舰，而是楚豫舰。写文章的这些个作者，你知不知道广州市越秀山下到黄埔口有多远？是在你说的时间段走得到的吗？脚下有神行太保的风火轮吗？你不看史料，看看广州地图总可以吧！

“但府内卫队拒绝缴械”，什么叫做拒绝缴械？叛军行逆，奸匪作恶，便要向其缴械？这是哪一家的逻辑？到了 16 日的中午，叛军遭到总统卫队的坚强抵抗。他们以为中山先生尚在府内，乃改用速射炮轰击，致令死伤枕藉。下午时分，总统府终被占领，其后财物为乱兵抢劫一空，大批文件焚烧成灰。

“下令舰队向广州城内开炮，次日，再行乱炮轰击。两次开炮，造成广州市民死亡人数过百。”三人成虎，众口铄金。最早谬说的起源在哪里？可能除了陈炯明的放风，就是唐德刚的《晚清七十年》中《论孙文思想发展的阶段性》一文，导致谬说的出笼。一经放飞，就再也收不回去了。盖今之史学青年，所知甚薄，陡见唐氏史学论述的新异方式，如发现新大陆，囫囵吞枣，尽情吸收。殊不知唐德刚那种美化文笔，在文学上自有其妙味，而于历史的真实性，则率多遮蔽；尤以其撰述的《李宗仁回忆录》，天壳海盖，齐东野语，写得兴起，一泄如注，难以遏止，云山雾罩的地方太多。已有史学界名师著有专书，予以逐项驳论。

陈炯明对中山先生的泼污，在唐氏笔下是怎样的情形呢？说来他唐德刚也无法自圆其说，只好道个卑之无甚高论。他述说的是 1918 年广东督军莫荣新和中山先生产生矛盾，“孙氏竟然登上军舰要炮轰督军署，那舰长为了怕伤及平民，不愿开炮，孙公大怒，竟亲自操炮轰之，这恐怕是民国内战史上，主帅亲自开炮的唯一例子吧！至于伤及多少无辜平民，那就史无明文了。”

史无明文，他竟然好意思写出来。按他的臆想、武断和猜测，做成一番史家新说，较之小说家言，犹有不及，且更为轻慢。先贤所受泼污，真不堪闻问了。先是莫氏乱抓人，中山先生致书令其释放；莫荣新公然置之不理，并悍然将此数人杀害。先生见其欺人太甚，实属忍无可忍，乃令军舰开炮轰击莫荣新的观音山督军署。

须知，那时候的越秀山（观音山）哪有什么住家？当20世纪80年代初，笔者在广州上学，彼处的人烟还很稀落；20年代的越秀山，其空阔可想而知。再说那样的官邸所在，以前又是督署，哪有老百姓可以混居其中、卜居其侧？做梦也不可得。

陈逆透露假消息给报界，说是打中百姓；实际在总统府搜掠的，正是其所部的烂兵丘八。有的为求财物，故意着便装，在乱兵的中心。试想，老百姓可得置身其中？陈逆报纸造谣，意在为其叛逆行径、纵兵搜掠财物开脱掩护。各舰向乱兵据点开炮，这是既定不移的目标。正因为海军训练有素，开炮准确击中叛军；陈炯明恼羞成怒，将其乱兵之死假称百姓，借以栽诬拥戴中山先生的海军官兵。

陈炯明透露假消息给报界，乃属其下作之惯技。记者多受欺骗，按其口径，发电往香港编辑部，说是“孙中山的陆军已无力量，本人失踪”。在北伐前线的胡汉民即是根据报纸上此类半真半假的消息，判断广州已经发生陈炯明叛乱。稍有常识者，都知道正面文章反面看，不意今之文章作者，仿佛发现新大陆，实则较之前人，眼光、心智相差不可以道里计。

陈炯明反对的不仅是总统，骨子里所反对的是人民意志。所幸海军士兵深明大义，奋起讨伐，令其卑污手段受到强有力的阻拦。

陈炯明叛变前三个月，陆军中将邓铿（仲元）知陈炯明生性阳奉阴违，难以信赖，乃从粤军第一师拨一个团为中山先生警卫。不料，3 月 21 日，邓铿即为陈炯明部属暗杀于大沙头车站。

邓铿生前尝对陈炯明有透辟的认识："陈竞存的思想最不坚定……夜郎自大，对中山先生并不忠实。北伐前陈炯明叛变的主要原因，固然出于变节分子的拉拢，北方军阀的引诱，双方一拍即合，还有他总想做领袖，不甘屈居人下的野心，但其支柱，则来自于他手中的部队。吴佩孚、赵恒惕对陈氏竭力拉拢……陈氏掌握实际的兵权。所以吴佩孚、赵恒惕都派人跟他联络，希望他赞成联省自治，阻止总理北伐计划的实施，并诡称俟全国统一后，拥护他做领袖，适投其所好。"

1998 年时在 4 月，序属三春。陈炯明之子陈定炎，在香港召开一个新书发表会，意在为他爸爸陈炯明翻案。书名《陈炯明与孙中山蒋介石的恩怨真相》。出于好奇，发表会有不少人参与旁听。

会上，陈定炎发表了长篇演说，强调他爹在广东实施地方自治，扶助劳工，禁烟禁赌，发展经济。"6 · 16" 炮击总统府事件并非陈炯明向孙中山争权，而只是政见分歧。陈氏反对孙中山北伐，只是为了"南北妥协、和平统一中国"。他进而更说，炮轰总统府事件是陈部部将叶举所为，其父不知其事，且仅以"土炮开炮三响唬之"而已；并赞其父不受贿不贪污，晚年贫病交迫；等等。1998 年 3 月 11 日香港《信报》于此事报道甚详。

当时会上即有学者驳曰：其一，令尊比孙中山究竟缺少气魄，两者之间决非政见分歧那么简单。阁下为先父鸣冤，份属孝子贤孙，但令尊纵兵谋叛荼毒生灵，则有负于国人。其二，20世纪20年代军阀混战，绝无和平统一的可能。中山先生临终前三个月对北洋政府总理许世英怒道：我在外面要废除不平等条约，你们在北京偏偏要尊重那些不平等条约。此一怒肝病大发去世。以当年民心士气而言，北伐是势在必行。

会上更有一老翁质问陈定炎：设想有个美军师长向白宫“开炮三响唬之”，此人能逍遥法外豁免军法审判吗？并指出陈炯明的后台是英国汇丰银行。陈定炎本来扬言回答“任何尖锐问题”，此时顾左右而言他，随即招呼与会者享用茶点，并致赠礼物，即与会者每人一份川贝枇杷膏，人们便一哄而散了。

陈炯明这个人，虽以军阀面目定位于历史录鬼簿，实则是个酸秀才、白衣秀士王伦一流人物：貌似风流儒雅，实则村俗卑鄙；才智捉襟见肘，却又时时不安于位。他1909年始加入同盟会，在孙中山指导之下，成为同盟会香港支部领袖，也算得是从戎的书生。“6·16”事件发生后，陈氏部队败退韶关，大肆焚杀抢掠，甚至白昼奸淫，韶关女孩一天内被奸五六次之多；东关一带居民，一天之内竟被搜掠抢劫二十余次（《孙大总统广州蒙难记》）……欧美华侨各联合会，纷纷致电国内，请北伐军回师广东，先扫妖氛，再图北伐。半年后陈氏通电下野，后蛰居香港，1933年病死。

大凡荣利之心，人皆有之。然观陈氏一生，每在关键处出以小人滥恶之举，心胸狭窄，不识抬举。及其愁病而死，人多拍手称快，笔者又惜其糊涂可怜。盖以天下愚而好自用、贱而好自专之流，辄至死不悟，盲人瞎马，日觅尽头之路而已。当事变发生，情状万分危殆之际，中山先生仍对秘书说：“所有忠实武装同志，悉赴前方，后方只留下陈家军及其私系队伍，不可不信任之矣。”即后来的讨陈，他也屡想停止，条件仅是陈氏的一纸悔过书！中山先生是少有的熟谙中西文化的实践家，胸怀博大，比之康、梁及五四推动者，他的智慧和爱心更为超越，人格是罕见的光明磊落。陈炯明身为备受提携的部下，不知尊崇敬爱，反而以一酸腐秀才之心眼观人应世，终取自败之道。将近八十年后，其子嗣陈定炎又在香港欲为其翻案，上演一出小小闹剧，仿佛历史长篇里钻出的花脸小鬼，自贻满面羞惭，处心积虑，螳臂当车，何其不自量也！

近年来文史类著述在书市大行走俏，按说也属好事，可惜也有不少与事实不相符，甚至荒诞离奇出于杜撰的说法充斥其间。但历史本是一门错综复杂的学问，必须从多方面汇集史料，也必须根据多方面的事实加以研析，才会有更为接近事实的结论。

文史的叙述、演绎、评论，须有基本的准入门槛，不是看过两本兔园册子，就能率尔操觚。理论问题不妨见仁见智，只要持之有故、言之成理，自然没有什么不好。但是历史事件则不然，它必须求真求实。以事实为根据，就不同的角度分析之、评论之，自无不可。倘若抹杀事实、任意评断，或捏造事实，淆惑视听、弄得真伪莫辨、是非不明，则对人类文明的进化，将产生不良的反作用，那就期期以为不可了。

为发现而撰文，为表现自己有见解而淆乱史实，纵笔想象，唐突古人，折损先贤，为着耸人听闻，不惜霸王硬上弓，只仿佛临渴掘井，扬汤止沸，真相愈远，求真知又焉可得？

研究历史的人，首要的依据就是资料，这资料是从各方面亦即是从他人所汇集来的，任何人皆不能凭自己的主观，去想象、构造所要的资料。所以凭他人资料裁断事象并无不妥，问题发生在所引用的资料是否正确。凭借资料写文章，乃为治史者不可避免的途径。但在资料运用上，必须力求恰当。对资料接触要多，汇求应广博，研判须精审，论断要谨严。诚如是，则所得的结论，才会比较正确，所写的文章也可构成信史。如果摭拾浮言，有闻即录，以管窥天，以偏概全，那就背离客观真实的论述，而致差之毫厘、谬之千里了。至于凭一己的偏私好恶，先存入主出奴之见，故作抑扬取舍之分，说得越多越离谱，就更加等而下之。不读史料，乱解史料，想象史料，只能制造低级笑料，看似振振有词，实则不知天高地厚。而现在的刊物，道听途说以为新异，不问来路即予刊登发表，贻害后学，后果堪忧。

杰弗逊，他那穿越时空的文字

历史上那些最伟大的书，可以刺破那些盲动的喧嚣，冒出后世的云端。即使因水火的肆虐毁灭了部分物质载体，它依然留下镌刻般的影响而永在。

像美国开国元勋杰弗逊的著作就是这样，趣味思想充溢，移步生莲，绝无冷场；句句实在，处处关乎人本的痛痒。他那穿越时空的卓越文字，抓住要害，有的放矢，一切都苦心孤诣。

美国后人所享受的民主遗产，在杰弗逊他们当年，也是靠了艰辛的争取才赢得的。他集科学家、最高行政首长、文人、学者于一身，一个实现了梦想的预言者。他最精彩的阐述，民主政治的精髓乃是自由的观念。他将言论自由列为建立美国最重要的根基。当选美国第三任总统的那一年，他曾说：我在神坛上立过誓，对于任何压制人性的暴政，永远反对。

杰弗逊的民主精神刷开了美国政治的新局，也为人类历史进程的推进树立了航标。他的文章，文字优美，历史趣味浓厚，主旨鲜明，豁达而富有人性化。“民意是我国政府存在的基础，所以我们先于一切的目标是保持这一权利。”人是生而富有一连串不容剥夺的权利，“生存，自由，以及追求幸福，都在其中”，在这些权利中，又包含自治。

他给友人的信中说："要有良好而稳定的政府，其道并不在于将政府整个托付一人，而是将政府分属众人。"

他在法国当大使的经历，加深了他对专制主义的厌恶。法国的政体，在他看来还是一种"粗糙的作品"。因之，法国民众生活是支离破碎的。这样的情况本可避免，其咎就在于一个不良的政体。他说，管制的结果怎么样呢？把世人一半变成傻子，一半变成伪君子。

从社会人的捐输款项的一件事，他引申出信仰、吸引力、公权，以及民政官为什么不能干涉思想领域……他的文章明畅而深邃，富有惊人的逻辑力量，亲切、妥帖；其思维又快如流星，衔接了种种浑然一体的补充说明。

关于总统任期的时间规限，他也推导了任期年数的利害。他决定像华盛顿将军那样树下美例，连任期满自动退休："我将追随其后，再有数人以身作则，日后任何人想恋栈的，格于惯例，就难打破了。"多少年后，确有那个利比多饱满外溢的克林顿，公开说总统任期可打破两届限制——就从他开始，他就像那个还想"再活五百年"的中国帝王，成了一个令人齿冷的笑话。

他不恋栈，还有想恋栈的；从自律来看，杰弗逊和华盛顿，也称得上是圣人了。人性根底上都是一样的，如一旦为正人君子所据，不特树下范例，更立下规矩，政治修明上轨道，人民得其所哉，对现实生命不啻是最大的福音。后人写历史的，也当额手称庆、拊掌礼赞了。

他对时人的月旦品藻，端的是寥寥几笔，而境界全出。关于华盛顿，"在我看来，尽可以让人民放手自行管理他们的政府，不必担心。他对我说过不下百十次，我们现有的政治制度必须有公平试验的机会，为了维护这个制度，他是不惜流其最后一滴血的”，“他的思考比较迟缓，但有独出的心裁和想象力，所以他的结论确然有把握……他绝对持正不阿，是我从未见过的”。

他评价政治家、法律家乔治·魏士：“从来没有比他更不自私的人了。”关于大著作家潘恩，他说：“他的思想胜过学问。”

至于拿破仑，他以为“坏得不能再坏了”，因为他“残害万千生灵，是蹂躏全世界权利自由的暴君。只知篡夺权力，毫无一善可称……滑铁卢的败仗，乃是法国的救星”。

他对于联邦党人的汉密尔顿见解错位，扞格枘凿，公开不和；但他持论周正，诚为君子之争。他说汉氏俨然一位巨灵，思考力很强，“见解敏锐，大公无私，极重信义，私生活毫不苟且，然而深为英国榜样所迷，陷入歧途，乃至完全相信贪污对于一国的政府竟是必不可少的”。

他的深邃斩截好似莎士比亚，他的明慧贯通好像契诃夫，而他的洒脱磊落则仿佛苏东坡。他关注人的权利的实现，在他有生之年，十月怀胎一朝分娩似的看到了结果。

关于良知、自由、规则、权利、义务等观念和范畴，他的思想是大彻大悟醍醐灌顶。他的界说和汉密尔顿也并非根本性的矛盾。他的概念中，包含了汉氏的思想，但更为深广圆融。他援引华盛顿的先例，拒绝第三次竞选总统。他一再提出辞职，期盼脱离实际政治，向往农庄的田园生活，敝屣名利。他是对个人进退绝不介怀的真名士真风流，也即美利坚精神最好的诠释。若非胸中正气充盈，何克臻此？

杰弗逊 1775 年 5 月起草《独立宣言》。他和富兰克林、华盛顿各有专长。他主要以他的文字，关于民主、自由最重要的文献，贡献于这个国家的各项制度的建设。他为自己设计了谦逊的墓志铭："托马斯·杰弗逊，《独立宣言》的起草人，《弗吉尼亚宗教法案》的起草人，弗吉尼亚大学的创建人埋葬于此。"

这样的立国精神，造就了一个罕见的伟大国度。它的物质力量叠加式地跃进，为全球之雄，而且将专制的区域远远甩在后面。这一切所来有自，在背景上，就是伟岸无比的自由的观念。它带来一系列的良性循环，以至名作家狄更斯从英国出发游览美国时，对其国人的精神面貌要五体投地地赞不绝口了；甚至认为民主国的女性都翩若惊鸿——人面桃花、风姿绰约，得之于自由生活方式的恩赐。

差不多在狄氏赞扬美国的前后，西方对中国的印象也更加真切了。孟德斯鸠的《论法的精神》里面，对中国人的不仁不义、虚伪狡诈、阴暗险恶……多所批判指斥，近年著文者引述很多。新近译介到中国的英国学者维克托·基尔南所著《人类的主人》（商务印书馆）则未见有道及者。作者对中西交往认识的历史有细致惊人的描述。西方对中国早先的印象犹如童话，美丽、神秘，令人向往；然而近代以降，"这迷蒙的东方世界逐渐沉淀为无聊的国度，成为浸泡在夜壶屎尿之中的国家"。他们和中国人打交道，渐渐得出结论，觉得完全不是什么美德的典范，反而"对中国人的贪婪与狡猾深感厌恶"。他们不知中国人究竟真的无知，抑或根本就是狡诈无灵魂。他们视中国人为低等的动物。和狄更斯相映成趣，他们恰恰讨厌专制国民的面孔，认为上面写满欺骗诡诈。

实际上呢，中国知识分子的良心，他们的智慧的努力构建，中国聪明而苦难的人民，他们的期望和留念，在专制的肆虐之下，一切都被掩盖被抵消，而归诸荒烟蔓草。专制却越发凶残狡诈，变着花样荼毒侮弄中国人民，人际关系防不胜防，价值观头脚倒立，社会生理根本紊乱。于是漏洞百出，专制逻辑长期奉行的思想戒严又阻塞了日常资讯流通渠道，即令所谓盛世，病理性社会繁荣之下，掩盖着随时可能爆发的情绪岩浆。

司马迁感叹深深。其《伯夷列传》中说，天道这个东西，实际上是没有的，如果缺乏有力的制衡，那社会真不可救药了。德行高洁的人，有良心的有学问的人，不是饿死就是气死或早死，反而那些杀人取乐、暴戾恣睢，害无辜、食人肉的大坏蛋，一个两个享用占尽了社会资源，风光无限，活得人五人六的。这是怎么回事情啊！

曾国藩则哀叹："无兵不足深忧，无饷不足痛哭。独举目斯世，求一攘利不先，赴义恐后，忠愤耿耿者，不可亟得；或仅得之，而又屈居去下，往往抑郁不伸，以挫、以去、以死，而贪饕退缩者，果骧首而上腾，而富贵，而名誉，而老健不死，此其为浩叹者也。"（《曾文正公全集》）

到了储安平，一变为痛苦的绝叫："今日一般青年学生，在日常生活中，是衣履不周，三餐不饱，身体疲乏，精神萎顿，而一想到来日，则尤中心彷徨，莫知所往……为什么在今日这种社会上，那些一肚皮草的逐臭之徒，反可招摇过市，优游自如，而一切有智慧有人品的人物，反而在水准之下的生活中挣扎……整个局面，混混沌沌，良心丧尽，道德荡然，纲纪废弛，人心麻痹，人人只知浑水摸鱼，取巧为私，国运日敝，民生日蹙，凡此种种，对于那些追求理想追求光明的青年，请问何能使之甘心！"（《大局浮动，学潮如火》）

洛克说："专制是一种对谁都没有好处的制度，支配者因享有绝对的权利而使其品质恶化，被奴役者由于过度地被凌辱而暗藏杀机。"生活在如此不堪的专制环境中，难怪国人要发出如此惨烈无助的绝叫。中国与西方的距离越来越大，根子就是政体的建制完全呈背道而驰的方向拉开。

宋代学者刘元城从学于司马光。司马光任宰相，他为谏议大夫。刘氏论事刚直，不避权贵，对皇帝当面诤谏。旁人看见害怕，称之为"殿上虎"。他的《元城语录》卷上记载：

程氏之学自有佳处，至椎鲁不学之人，窜迹其中，状类有德者，其实土木偶也，而盗一时之名。东坡讥骂靳侮，略无假借……哲宗皇帝尝因春日经筵讲罢，移坐一小轩中，赐茶，自起折一枝柳。程颐为说书，遽起谏曰："方春万物生荣，不可无故摧折。"哲宗色不平，因掷弃之。温公闻之不乐，谓门人曰："使人主不欲亲近儒生者，正为此等人也。"叹息久之，然则非特东坡不与，虽温公亦不与也。

本来呢，大的框架和议事规则定下来后，操作的争论无伤大雅，论辩还有利择善而从。而在专制之下，名堂就来了，歧路就多了，折一根杨柳枝条，也可无限放大，上纲上线，衍为党争，至取人性命，毕生怀恨，扰攘不已。"口头交代"代替了游戏规则，这样恶浊的人心，社会自不平静。握有权柄者心理更不正常，"上管天，下管地，之间还要管空气"；然而他们又是"恐龙身躯，麻雀脑袋"，一枝杨柳，他无限发挥，唯独对人本身的生命痛苦却视而不见。于是民生经济大受制约，精神空间幽闭，这样的人间世，还会有什么生机呢？

民初野史氏的《乌蒙秘闻》说是专制厉民之习，乃是一种妄自尊大，污吏擅作威福，对蛮族外人更是淫虐蹂躏，不逮牛马。而蛮人亦非木石，一有警觉则激而生变。《范成大年谱》引宋人笔记说，当时朝廷征收战马，“然官吏为奸，博马银多杂以铜（与蛮人交易），盐百千为一春……所赢皆官吏共盗之，蛮觉知，不肯以良马来，所市率多老病驽下，致能（范成大）为约束，令太守……增足盐畚……”

污吏对蛮族的方式，实际是晚清时节对西方态度的预演。无数这样的细枝末节会聚成紊乱不堪的国事，毫无公信力的国度与国族，这是制度的失败。而制度的失败，正是制度运行的基础秩序出了问题。专制独裁的危害真像水银泻地一样，无所不至。

宋朝周去非的《岭外代答》记述胡蔓草：“广西妖淫之地，多产恶草，人民亦禀恶德。”他注意到民性和地理的关系，但这还是表象；根子实因文明不到，专制更烈，致民性浇漓，少理性而多攻击性、欺骗性。这笔账要算到专制独裁的头上。压制人性的暴政，正是杰弗逊所要反对的。

至郑观应、孙中山那一两代人，致力于制度建设，为中国社会对接全新的精神资源，在整个中国历史上突起一峰，高明正大，彻底而妥帖，颇有渐趋于成之势。马君武推崇孙中山先生，说他是亚洲的杰弗逊和华盛顿。然而历史的诡异和盲动的剧烈，以及偶然因素的导入，又令老中国儿女的精神岁月跌落在无边的蒙昧中。加之社会组成分子的糊涂的认识，也造成无形无明的阻碍力量。

王国维先生1927年投水自尽，国人念之惜之而又疑之。此前的1924年，他有《筹建皇室博物馆奏折》：“窃自辛亥以后，人民涂炭，邦域分崩，救民之望非皇上莫属，非置圣躬于万全之地无以救天下……且皇上一出国门，则宗庙宫室，民国不待占而自占……”（《王国维年谱长编》，第401页）以下还有千余字，都是替皇帝考虑的，最后说明系秘密之奏，希望领他的忠贞之情。

五十之年，只欠一死，经此世变，义无再辱。已经是名句，但这个账目算到谁的头上呢？爱皇帝爱到变态的地步，也仿佛“一块红布蒙住了我的眼睛”吧。没有皇帝就活不成了，一部分中国汉人知识分子的心理，不可理喻，至此已极。知识分子自应对社会有所批判，包括自杀的方式。民国肇建，确也问题多多；但也要看批评的立足点、用力的方向。观其心理，对民治民有民享的社会，是完全隔膜的。

不知他是否记起了清初大屠杀的血光之灾。章太炎倒是血脉贲张地痛斥。他们两个，好像南北两极。而章太炎虽然也乱闹，但他的目标非常清楚。他的批判锋芒指向中国社会的现状，即清朝专制的率兽食人的野蛮统治。“为天下之大害者，君而已矣”，他承继了黄宗羲等先贤的看法，更予以谩骂痛斥。他不但指出新的溃疡，也掀开了去之不远的被征服的旧伤口。近代英国外交官，在中国也体察到汉人官员对他们必须臣服于粗鄙却专权的满人一事感到不耐。满洲贵族入关时，顾炎武不说亡社稷和亡国而说亡国和亡天下，着眼点不仅在政权的沦亡,更忧虑文化的澌灭坠毁。从此人群沦为“禽兽”，因而痛入骨髓。

国维似乎不知，正是长期的帝王专制，才造成社会长期压抑后的动荡。短视、浅薄、庸俗、低劣的思想趣味、奸滑无信的恶劣品质，正义感、责任感、做人良知与爱心泯灭到可怕的地步。

结果呢，国维搞成了“我思故我不在”——他这一心疼皇帝的动作，也竟然使他“两次踏进同一条河流”。愁眉苦脸，把生活搞成连串痛苦的累积，实在也是自己给自己套上枷锁，成为恶制度的祭品。国维的死虽然在于时局的悲观和盲动肆虐的刺激，但他寻找的寄托却是帝王，而不是辛亥党人那些他的同龄人，因这一旁逸斜出，遂滑向不可收拾的死胡同。

杰弗逊，王国维，在他们身上，看到了不同质性的大知识分子的极端的差异：开放和保守、开明与迂阔、自由与奴役……杰弗逊头脑、见识、学问、气魄俱佳，而王国维则可说是学问大、见识短的典型。他的糊涂的言行，也有相当的影响，此种心理的播植，也是中国困境之所在。在野的、民间的自由精神的因子备受挤兑消减，民治思想的元素一落千丈。结果呢，在疆域之内是挣扎匍匐，辗转就死；在外则备受歧视、轻视、蔑视，为人厌恶而横加敲打……失却了一次次绝佳的历史机缘，则中国离杰弗逊等创导的自由精神越发遥远——就物质而言，达数十年上百年的差距还在拉大；就精神素养、精神资源的建构而言，则数百年的悬殊都还不止。所以，即令是年轻而有头脑的读者来观杰弗逊言论，也不免有感慨万千、“老”泪纵横的时候！

闲坐想起陆放翁诗

一般以为陆游诗爽丽直捷、风格豪放。他一生作诗甚多，在整个旧诗人里面其数量要排在前几名；所以或以为在这多量创作的另一面乃是豪放有余而回味不足，或者一泻如注，减少了沉痛的分量。

以前所见仅限于陆游诗选本,至庚辰年仲夏,在溽暑热里,把《陆放翁全集》浏览一过，顿有别样的叹惋。原来所谓缺少韵味、一泻如注不免是一种误解，实则陆放翁原是抒写大沉痛、大悲悯的高手。这些诗非特量多，而且质高，四河九流弥漫浸灌，真所谓哀痛蚀骨、忧能伤人者，其间也就不难发现他和盛中晚唐几个时期的诗人的差别，那是一种气质气味上的异向之美。它反和清朝中晚期诗人有一种本质上的贴近。有清一代全面恢复古典各时期创作风气，从秦汉魏晋到盛中晚唐，各个投胎，转世标帜；更有影响面极广的宋诗派。但陆游和它们的缘分倒并非因为宋诗派的存在，而是血缘上的天然亲近，以哀痛为骨、悲悯为调，寄慨深深，如其“身世从来一蠹鱼”(《道山》)，“海内知心人渐少，眼前败意事常多”(《菱歌》)，“一日日穷穷不醒,一年年老老如期”(《杂咏》),“暮年多感怆,孤梦久不成。残灯暗无焰，宿雨滴有声”(《宵思》)，“尘埃眯目诗情尽，疾病侵人酒兴疏。寄语莺花休入梦,世间万事有乘除”(《潜兴》)。至于他的《小院》“世事熟看无一可，古人不作与谁评”，则与袁寒云诗“十有九输天下事，百无一可眼中人”遥相对视，大有击碎唾壶，由生活层面具体而微的哀愁上升到整个人生的悲慨。这大抵也是整个清朝诗人的集体下意识，殊不知，远在宋代陆游就开了先河。这种悲慨成为他的诗的一种基调，差不多贯穿他整个有生之年的全部创作。

哀痛之所以分大小，乃以情绪哲学因素投入分配的轻重不同，如永嘉四灵之作，虽也不失为好诗，其哀痛到底细而小、紧而窄，扣人心弦的力量也相对较弱。而在陆游的笔墨情思里面寄慨深郁，干戈相寻，九宇鼎沸；即令红尘俗事，也显水深火热。人世无常，感触愈深。其哀痛本末俱大，又以其相当高明的艺术手腕加以放大定位，其感慨的哲学蕴味也因此根深积厚。这和《诗经》里面的一部分篇章，以及古诗十九首的那种终古不散的悲绪到底一脉相承。“文章在眼每森然，力弱才疏挽不前。前辈不生吾辈老，恐留遗恨又千年。”（《文章》）交叉对世事的失望，对未来的觖望。“换尽朱颜两鬓皤，流年如此奈君何……更余一恨君知否，千载浯溪石未磨。”（《初归杂吟》）

2000 年 5 月 29 日《参考消息》文章认为，宇宙最终会变成永恒冰冷的黑暗，当然，适于生命存活的状态还要维持一千亿年。这个长度也就长到人的想象力难以企及，但是说到底没有什么东西是可以永远存在的。这篇文章说，如果万有引力不足以阻止宇宙的持续膨胀，则它最终将变成一个黑暗而寒冷的世界，即衰变成一个漆黑一团的空间。有文明史以来的文学家和宿命论者认为，没有人可以活着脱离生活的苦海——这当中实在包含人类思维意识的精髓，根据宇宙的不确定因素涉及膨胀理论，它始于一个像气泡一样的虚无空间。“爱因斯坦也只能对那些担忧世界命运的人说：至于世界的终局问题，我的意见是等着瞧吧！”看看，就连爱氏这样的英才彦硕也不得不发一滴飞沫之微的感慨。诗人的虚幻感又岂是偶然，岂是揣测？最高明的文学，之所以永远不会过时，而且因时间的推移愈见其精微奥博，乃因其大悲悯贯穿天地人种种极大极小的困扰。达而悲，悲而达，陆放翁诗即如此，牵想极广，挂念极深，如空阶夜雨，点滴到明；而其忧患隐隐然更与近现代科学发现相合拍，其中潜伏着永远的现在性和永远的未来性，高深圆融，博大悲悯。这是人类的局限，剀切地表达这种局限正是人类精英起迷入悟的高明之所在。

方志的文笔之美

古书中的地理名著，诸如集历史、地理、佛教、文学于一身的《洛阳伽蓝记》，系统著录水道所流经地区自然、经济地理的《水经注》，记事详赡，不仅是研究古代历史地理的重要文献，更有超常的文学价值。文笔或雄健俊美，或迤逦秀逸，烦而不厌，后世难以超越。

其实古人所编纂的各地地方志，除了记述历史沿革、地形地貌、民族演进、史籍文化等，同样也有不同程度的文学欣赏价值。如素为坊间推崇的《遵义府志》，其文学价值就接近北魏文学双璧《洛阳伽蓝记》和《水经注》。它的编纂者是晚清文学扛鼎人物郑珍和莫友芝，这就不奇怪了。该书梁启超对之甚为推崇，"《遵义府志》或谓为府志中第一。"（《清代学者整理旧学之总成绩——方志学》）

纂述百万言的大型方志，在郑珍、莫友芝，首在穷搜资料，详加考证鉴别，逐次引述说明；但郑、莫二君，不愧西南大儒，创作的天赋和观察的心得往往信笔写出，左右逢源，不择地而出。

山川卷，都是美妙记叙。他们在对山陵、城邑、古迹沿革、风习传说旁征博引、详加考求的同时，笔致情不自禁地跳脱出来，为山水风物造像。山川一卷在书中所占篇幅超大，有时放手去写，仿佛思绪都在千山万山之外；有时寥寥数语，却又疏落有致。叙山水奇胜，文藻奇丽，描写景物，片言只字，妙绝古今，形神毕现。“山水知己”这样一个美学命题，正是笔墨内里山水神韵所造就。

“宝峰，在城西南五十里，山拔起平原中，体皆石成，老树森错……洞顶垂乳玲珑，若宝盖，若莲花，若璎珞，若牙签、贝叶，若飞鸟、游鳞，千奇万态，不可名状……石径藏万木中，盛夏不热。”

文心山，“万竹裹之，浑忘炎夏。下产葡萄石，黑质白章。”“分水岭，峻岭横空，石壁巉绝，中通一径，遵、桐分界，亦要路也。岭北有木平林，岭南有苏箭棚。左右悬岩，盘腰鸟道，皆可通桐梓。”

笔触稍加濡染，即进入岁月深处元气淋漓的神秘氛围。整个构架，如拔花生，一提丛集，数柱茎叶，连着多量的子线，果实丰盈，一切是浑然天成，波澜迭起；镌刻一般，扎实醒透，又确凿不移。

这些大自然性格风貌的敏感记录，姿态各异，潜藏充量的美学信息，而又徐徐释放之。笔触仿佛与山水一般，保有水木明瑟、清幽深邃的意态，极高明地包孕微婉情致，信手点染，皆成妙谛。

物产的谷类，引述扬雄、左思等人诗文，然后详加解说：“玉蜀黍，俗呼包谷，色红、白，纯者粘，杂者糯，清明前后种，七八月收。岁视此为丰歉，此丰，稻不大熟亦无损。价视米贱，而耐食。食之又省便。夫人所唾弃，农家之性命也。其糜作糖，视米制更甘脆。”

方志写物产不像群芳谱，里面更充溢关心民瘼的至诚用心。又如写木姜，引述多条前人所记述，但多着眼于实用，于是在本条的末尾，作者就加一条前人未道及的特征：“今郡人通呼木姜，其花味尤香美。”

杂记卷记刺梨：“名者为送春归。春深吐艳，大如菊，密萼繁英，红紫相间而成，色实尤美。黔之四封出产，移之他境则不生。”学术价值之外，还有心情美学的闪展腾挪。

区域人文志书《施州考古录》，虽不大见人道及，实则常有绝妙好词。该书记载上古至清末恩施一带人文地理的演变。作者系郑永禧。他是衢州人，于民国六年（1917年）冬月担任恩施县知事，其间撰述《施州考古录》。偶见此书，为其幽深藻采所迷醉，最震撼的是这句“风琴雨管成春梦，犵鸟蛮花豁醉眸”。其凭借大自然风云变换的装点，复现原生态自然生命之美，把一种野逸幽深的古奥风景，鬼斧神工般予以再现,有一种“水色山光自古悲”的诗人移情的效力；但又不止于此，而是情绪的浸润和精神的超脱逸出同在。从发葳蕤的古朴原生态，以并不惊诧的辞藻再现，实因境界的再创造，赋予了更深切的情绪哲学的意蕴。

至于海南方志，若《光绪崖州志》，纪沉香、舆地诸篇，均有不错的文笔，值得仔细品味揣摩。当然它吸收、袭用前人大量的著述文字，这是如顾颉刚所说“层累地造成的中国古史”，乃属方志编纂必要手段之一。

另有一些篇幅相对较小的小书，也有耐人咀嚼的文字表述。如清后期无名氏所作小志《琼州志》，在“疆圉形胜”这一节中，作者写道：“琼山在北，崖州在南，与安南诸国相望，东南则陵水，西北则澄迈、临高……琼、崖相去，循黎而行，千二百余里；儋、万相望，中隔黎岐，度山越岭，鸟道羊肠，外人莫到，约而计之，亦不下八九百里。”

中部高山，“皆崇山峻岭，密菁深林，毒雾迷空，瘴烟蔽野。又其内为五指山，上常有云气，峭壁悬崖，重峦叠嶂，人迹所不能到”。

书中写黎母山也常为云雾盘绕，“有攀附而登者，每迷失路，悲号祷祝竟日，始识归途，故人迹罕至焉”。

叙述了几条大江的来由，又描述其他水系：“至各州县水源，皆出黎峒深处，自高而下，势若建瓴，急流奔放，与中巨石相击触，滂湃轰訇，声闻数里。”

《琼州志》扼要地指出地理风貌和大致沿革，文笔不枝不蔓，稳健从容，清隽而不乏纡徐的理致，很能慢慢释放大自然惊心动魄的万千气象。其间潜藏一种典雅之美，若有深意存焉。多读方志古书，让祖先的智慧滋润我们的心眼，更丰饶其多维多元的价值。

光绪悲剧之梳理

光绪死因新说新证

颇多争议的清光绪帝死因疑案，在百年后通过一系列现代专业技术手段终于得以确证：光绪帝突然“驾崩”系急性胃肠性砒霜中毒所致。这是记者从“清光绪皇帝死因”研究报告会上所获悉。(《信息时报》，2008 年 11 月 3 日）据介绍，在不能开棺直验且时隔久远、检材条件很差等不利因素下，专家们历时五年，由光绪帝发碑入手，利用“中子活化”、“X 射线荧光分析”、“原子荧光光度”等一系列现代专业技术手段，通过开展对比、模拟实验、双向图例等工作，对清西陵文物管理处提供的光绪遗体的头发、遗骨、衣服以及墓内外环境样品进行了反复的检测、研究和缜密的分析。经科学测算，光绪的头发截段和衣物上含有剧毒的三氧化二砷即砒霜，而其腐败尸体仅沾染在部分衣物和头发上的砒霜总量就已高达二百零一毫克。

光绪悲剧的基本逻辑关系

这是可以确信的。光绪帝在变法夭折后被囚禁十年，郁郁而终。

在警卫森严的皇宫禁地，光绪被毒害而死，其嫌疑的指向，除了慈禧太后，几乎可以说别无他人。

《瀛台泣血记》则早就指出，光绪之死，乃李莲英秉承旨意，将其毒毙。如今科学的鉴定，几乎可以为其定案。当然，也有说是自然生病官能衰竭而死，也不无道理，但是时间不会那么早。

实际上，在囚禁之初，他的悲剧命运早已注定。

而将光绪帝推到这个悲惨境地的推手，可以说直接跟戊戌变法的失败密切相关。倘若追根溯源，那就要说到康有为——光绪的精神支柱，固执褊狭；袁世凯，阴暗窥伺，变法后期守旧派发动政变之际他反戈一击。他们二人间接或直接将光绪置于死地。

戊戌变法中的人事结构

戊戌变法的直接原因在于中日甲午海战，因为失败，面临被瓜分的惨祸，所以知识分子发起以自强为目的的民族自觉维新运动，康有为、梁启超为其主要推动者。

康有为抓住了两个人。

一个死的，那就是孔子。他把孔子的学说衍变成他康有为的微言大义。他很聪明，抓住孔子作为他的招牌。那些抵挡他的士大夫，即使反对他也无从下手；因为孔子是中国文化的源头，抓住了孔子就抓住了回击他们的最佳精神高地。

另一个是活的，那就是光绪皇帝。自强学会成立以来，康、梁的势力越来越强大，到了变法的前期，好像全国的舆论都在支持他们。

光绪皇帝面对外侮内忧，也想刷新政治，救国民于水火。他看到康有为等人的上书非常感动，因此决心改革，在1898年初夏下诏定国是，召见康有为、梁启超。光绪对他们非常赏识，命其在总理衙门行走，拔擢杨锐、刘光第、谭嗣同等人参与新政，一直进行到9月下旬的政变时代，这期间就是所谓的百日维新。

在此期间，推行了不少新政：废除八股取士制度，改为实务策论考试；各省州县设立高等中小学堂培植实用人才；另外就是调整行政机构，裁撤闲散衙门；在军事改革方面，部队实施新式训练，引入新机器、新兵器的生产和奖励；又成立制度局、民政局；等等。但是这些维新政策也引起了很多旧官僚拼命地反对。康有为紧紧抓住光绪皇帝，以为皇帝之权至高无上，没有什么干不成的；但他不知道光绪皇帝几岁的时候就由慈禧太后抚养，光绪在慈禧的面前，从根本上说是畏之如虎、战战兢兢。清廷的实权实际操在颐和园慈禧的手中，旧党也就是所谓的后党诸人包围慈禧，请求收回成命。这时慈禧也不满意光绪皇帝，便渐有废立之意。光绪觉得危险逼近，悄悄下了一道上谕给杨锐等人。他说，我看圣母（慈禧太后）的意思是保护老迈昏庸的大臣，打击通达而有远见的精英。恐怕这次变法要半途而废了！作为我自己知道中国到了现在这个田地是非改不可了，但是如果强行为之，连我的地位也不能保住，所以你们现在最紧要的事，就是要想办法不要惹怒太后，不要顶撞她的旨意，须有一个转变的办法使新政能够继续下去。

这个时候光绪就命令康有为到上海办报，但他坚持不走，反而和谭嗣同策反袁世凯。袁世凯这时在天津小站练兵，光绪皇帝破格赏给他侍郎的地位。谭嗣同要袁率兵支援，袁世凯掂量再三，反而向直隶总督荣禄和盘托出。荣禄是旧党的总召集人，他就冷笑着说，让他们去折腾好了，将来一定没有好结果。到了 9 月 21 日，慈禧从颐和园回到皇宫。光绪觉得大势不好，在她面前匍匐哭泣。慈禧太后则是捶胸顿足，痛骂不止，当场威胁要赐毒酒，令光绪饮下。大学士王文韶等人跪地万般哀求，才改鸩杀为囚禁。然后慈禧太后亲自临朝，令所有新政全部取消，政事一体仍然恢复原状。随后康有为、梁启超逃往海外。而包括谭嗣同在内的六君子先后被逮捕、杀头。于是康、梁推动的变法彻底失败了。

康有为的褊狭固执坏了大事

当康、梁领导强学会的时代，他们是名满天下，甚至包括慈禧太后本人都认为改制维新是中国必走之路。在变法之前，康有为简直是改革路上的天王巨星和至圣先师，是推动变法的重中之重。

光绪皇帝的悲剧与康有为的思路和手段有直接关系。

康有为在戊戌变法时期，为事实上的总策划。清廷坍塌，犹不死心，和张勋共谋复辟，当了十二天的弼德院副院长。虽说他毕生抱有教皇心态，但在时运不济的情况下，充当实力人物的头号幕僚，也是他至死不移的嗜好。这种嗜好上瘾之深，简直身不由己，并且不惧所托非人。

康有为晚年策划参与张勋复辟，出力最多。张勋早年任江南提督，武昌起义后，率部企图顽抗，败后退驻徐州一带。其人及所部均留发辫，人称“辫帅”，所部称“辫子军”。1917 年 6 月，他以调解府院之争为名，率兵入京，解散国会，赶走黎元洪；7 月 1 日与康有为拥溥仪复辟，至 13 日为段祺瑞击败，逃入荷兰使馆，被通缉。

张勋复辟，也促使康、梁彻底分家。

张勋死了，康有为没事儿。到了1925年，他又主张拥立溥仪皇帝，依然时刻梦想依托实力人物干一番事业，博取功名富贵，亟思有所表现。

《清史稿》将他与张大辫子合为一传，放在殿尾的一卷，也算大有深意的。

他的褊狭偏执性格可以说毕生贯穿，不稍让步。

1923年，吴佩孚五十岁，在直奉战争中击败张作霖的奉系军队，被委任为直鲁豫三省巡阅副使，驻节洛阳。康有为贺吴佩孚寿联云：

牧野鹰扬，百世功名才半纪；洛阳虎视，八方风雨会中州。

那个气势是饱满拔节地烘托起来了，沧海横流，豪杰出世，雄才大略，鹰扬虎视，极言宇内大才超尘拔俗的宏大气魄。正因为联语极佳，被人窥破其中阿谀奉承的机关，坊间讥刺为“傍友”，犹今之傍大款的傍，吊膀子式的傍，其惶惶奔走寻求依傍的心理昭然若揭。

他看中了吴佩孚的赫赫武功，看中了他也是秀才出身，看中了他也有复古思想。他自居文圣，想把武圣的尊号献给吴佩孚。但吴对之尊而不亲，使其失望而去。

康有为行为颟顸。1924年，他在西北逗留西安其间，督军刘镇华待为上宾，赠送上等皮袍。他又说冷，要买狐皮袍子，刘也应之。他给刘镇华赠送一联，捧场之病依旧。联曰：“华为五岳首，海纳百川流。”依然老脸老皮，不顾社会反响，先把实力人物捧到极顶再说。他以一并不高明的幕僚之才，而欲栖身教主地位，无奈时势不作美，在前途每况愈下的局面之下，其猴急抓狂的心理真是不堪得很。

陕西省收藏家，慕名请其鉴定文物，康氏来者不拒，多据为己有。又有请看古钱的，他便向袖子里面一藏，据为己有。那人再三说是传家之物，情愿送他一枚，请把其余退还。康氏顾左右而言他，装作没有听见走了。他又顺手牵羊拿走卧龙寺所藏经卷，被绅士李汉青等告上法庭，将经卷截回。康氏恼羞成怒，向刘镇华要求赔偿一百万元，并以家藏图书要求西北大学购买，索钱；甚至要求刘镇华私人投资做其办《不忍》杂志的股本，以聘请其门人张某为西北大学教授做交换……（高拜石:《古代春风楼琐记》，卷二，第 86 页）

穷途末路时分，他的本色现出原形，简直是不管不顾的撒泼耍赖。

戊戌变法的失败，与改良派失策有关。康、梁作为光绪皇帝事实上的幕僚，想当教主，而性格一根筋，操作更是笨伯，一意孤行，那就有好看的了。他们的失败，既非因为慈禧的观念守旧，也和所谓国民素质低下无涉。近代以前，日本社会也和中国大同小异，人治社会，谈不上什么宪政素养，但是东瀛的明治维新就顺利达成了。

变法期间被光绪帝倚为股肱之臣和智囊核心的康有为，成为变法运动实际上的最高领导人。作为戊戌变法的灵魂人物和不可替代者，康有为的一言一行，对戊戌变法都有关乎成败的影响。

当时的慈禧太后，乃是清廷的最高权力的拥有者，权欲极强，说一不二。卧榻之侧岂容他人染指？康有为要搞君主立宪，首当其冲的乃是与慈禧关系的调理：要么不顾一切以非常手段置之死地，要么变更路径低首下心曲线抵达。但康氏却偏不就此途，这便触犯实权派的大忌，等于将改良派急需之最高权力，猛然推到了改良运动的对立面，胶柱鼓瑟若是，戊戌变法焉有不败之理？

他早先反对或者瞧不起辛亥志士的铁血手段，所以在变法危机关头，首先想到的是袁世凯，“乃属谭复生入袁世凯所寓，说袁勤王，率死士数百挟上登午门而杀荣禄，除旧党”（《康南海自编年谱》）。殊不知袁世凯是个势利小人，比他更鬼。光绪皇帝在得到康有为的暗示之后，嘱托袁世凯：朝廷一旦有“意外之变”，就即刻带兵进京；不料却遭袁氏出卖，终致维新昙花一现。

戊戌变法后，中山先生对康、梁一是设法营救，二是在日本为其生存发展创造条件，将所办学校依其意愿改为大同学校，以梁启超为校长，听其办理；然而康、梁的手下还不大领情呢。

此后，中山先生命日本志士宫崎寅藏带三万元到新加坡，劝康有为合作，反被康有为向新加坡英政府指为刺客，将宫崎逮捕。

严复对维新运动寄予深切的同情，但也对其鲁莽酝酿有所批评：“平心而论，中国时局果使不可挽回，未必非对山等之罪过也。轻举妄动，虑事不周，上负其君，下累其友，康、梁辈虽喙三尺，未由解此十六字考注语。”（《与张元济书》）康有为等人不能辞其咎。

包括戊戌变法在内的许多社会变革，康氏的性格因素使其希望变得更加渺茫。这是性格的细枝末节影响大事的例证。

他梦寐都想栖身圣贤之列。他的《大同书》中称“大地万国之人类皆吾同胞”，悬鹄不可谓不高。他中年时期，1895年秋，到南京找张之洞，要求赞助强学会的南方分会。张氏待之为上宾，但康氏拒绝任何一点张氏提出的修改意见，绝不做学术人格上的半点让步。结果张氏竟收回原先赞助他的打算。

辜鸿铭算一保守人士，但辜氏对康有为也颇有看法。辜氏在张之洞的幕中为英文秘书，他评价康有为说：“自私自利而具野心，但又缺乏经验、判断力和方向。”（萧公权：《近代中国与新世界》，第20页）

光绪帝的地位及性格

史学家唐德刚先生赞美光绪帝，说他是中华好儿郎。唐先生说："从为国为民、牺牲小我的动机着眼，光绪帝这位爱国青年，实在是我国历史上极少有的尧舜之君。"这是从天赋的心性上来说的，"但是光绪帝毕竟是长于深宫之中，受制于无知而狠毒的母后的一 个儿皇帝"。

光绪皇帝的名字叫做爱新觉罗·载湉。他是道光皇帝的孙子，咸丰皇帝的侄子，同治皇帝载淳的堂弟。他的爸爸是醇亲王，他的妈妈是慈禧太后的亲妹妹，慈禧太后是他的亲姨妈。

他和慈禧所以产生悲剧冲突，这里有一个关键——本来同治皇帝去世时可以让下一代来当皇帝，但因为清代规定，太皇太后不能垂帘听政，慈禧决不愿意放弃权力的运用，所以她选择侄子载湉继承咸丰，补上同治皇帝的空位，这样她可以继续垂帘听政了。光绪即位时才四岁，并一直在慈禧身边长大。慈禧刁蛮泼辣的个性，他在童年时候领受太多，留下心灵创伤。他怕她怕得要命，有时竟会跪地颤抖不止，长大后阴影越加厚重。光绪帝本人聪明俊秀，是一个有眼光有良知的好青年。他想当一个开明的皇上，而不愿做一个亡国之君。当他十七岁正式处理政务的时候，却只被允许涉及一些日常事务，而军政大权还掌握在慈禧手中。各地的封疆大吏、王公贵族、军事将领都是慈禧一手培植的，他们只对她效忠听命，只对她马首是瞻。

据唐德刚先生说，光绪召见康有为时，康氏与荣禄不期而遇，"二人谈到变法，荣禄说，法是应该变的，但是一个二百年的老法，怎能在短期内变掉呢？康有为忽然答道：杀几个一品大员，法就可以变了！”(《甲午战争与戊戌变法》)康有为这种不假思索的偏宕之言，可谓不审之至。他只是出于愤激，又没有相应的手段。他也根本做不到他之所说，只图一时口快，属于典型的祸从口出，但在荣禄心中激起反弹可想而知。变法期间，光绪到颐和园去了十几次，所言皆以康氏理论为依据，这在太后、荣禄心中所引起的是越来越大的反感。

老鬼袁世凯

袁世凯那时手中握有新建陆军七千人，战斗力在湘军解散后二三十年以来最强。他当时职务是直隶按察使，一个省级官吏，是荣禄的部下。荣禄则是兵部尚书、协办大学士，督练北洋新建陆军，当时最新职务为直隶总督兼北洋大臣。袁世凯的地位得力于荣禄的拔擢，而荣禄恰是慈禧的心腹。

光绪要他来协助变法，毫无疑问，袁世凯马上可以掂量出其间的轻重。9月中旬光绪召他进京时，加委他为侍郎候补，从二品升为正二品。光绪对他慰勉有加，寄予最后关头的全部希望，而袁世凯不露声色。据事后泄露的袁世凯的《戊戌日记》,他进京的第四天，谭嗣同深夜来访，直接告诉他，慈禧和荣禄欲将光绪废立，甚至杀戮，因此，皇上希望袁世凯举兵勤王，要他包围颐和园并诛除荣禄。至于慈禧太后，谭嗣同说他自己会带领好汉数十人，将其控制。袁世凯闻言大惊，头皮发奓，但却强作镇静。他在日记中说，他听到此，简直是“魂飞天外”，认为此人已经疯狂，于是将其敷衍送走，两天后返回天津，遂将所有内情全盘向荣禄告发。

可悲可叹的凄凉结局

从变法的法理角度来讲，中心人物还是光绪皇帝，康有为只是他特别倚重的变法总顾问。康有为的过激作风甚至也影响了他，最后就引起保守派和投机分子的联合阵线的反击。康有为保守和偏激的作风也排斥了众多开明派、中间派。这些人和康有为搞不好，不得不自动靠边站，最后就是变法者和守旧势力短兵相接。那前者实际上是个空架子，一旦临阵交锋，其结果如何就不言可知了。

戊戌变法以惨败告终，改革派杀的杀，关的关，流放的流放，开明派亦多靠边站。政情又回到以前死水一潭的状态，甚且每况愈下。后来终于引发义和团运动以及八国联军之祸，再后来就是辛亥革命了……

而光绪帝本人则从此拘囚在瀛台，开始长达十年的幽禁生活。1908 年 11 月 14 日傍晚，光绪皇帝驾崩；次日下午，慈禧太后也寿终正寝。三十七岁的光绪还是死在七十四岁的慈禧前面。而光绪帝最喜欢的珍妃，则是在 1900 年八国联军攻打北京、慈禧西逃之前，就被太监李莲英推入水井中淹死了。

一般正史记载，光绪帝最后病骨支离，乃是病笃而亡。但德龄女士的《瀛台泣血记》却认为光绪帝是被太监李莲英下毒致死。德龄是皇亲国戚，少女时代随外交官父亲居海外，后定居美国。她的这个判断可说是和今天科学的检验最为吻合，凶手可以指向慈禧无疑。前面已说过，变法期间以及变法失败之后，她曾两次欲将光绪置之死地。至于说是袁世凯买通太监下毒，那就比较离谱。因为那时候革命党人的势力已经在全国汹涌蔓延，根本是要直接推翻清廷。袁世凯乐见其成，政治势力的孰轻孰重他比谁都会权衡；再说他要到皇宫买通太监，那也不是能轻易做到的。

光绪缺乏武器的批判

光绪上任之初，处在晚清大变革的前夜，面临一个慈禧强加于他的构思严谨的“车马炮,将士象”俱全的权力结构。所谓“车马炮”，就是身处第一线的大员；所谓“将士象”，就是处于第二线的官僚。

面对慈禧这个精心构建的政治棋局，经过第一轮斗争，光绪的“车马炮”尽失。

政变终于动手了，只消两三天的工夫，慈禧集团就完成第二轮斗争，一百来天的窝心改良不得不戛然而止，铩羽而归。

宫廷里面形似江湖之间的斗争性质，已经显露无遗，那是你死我活的对决。集权政体下的政治斗争的残酷性，决定了“打蛇不死，反被蛇咬”。

光绪保有代表最高权力的正寝，并且他的威望逐渐向如日中天发展;反之，慈禧要搞掉光绪要通过政变形式的权力斗争，要搞阴谋、搞投资、等回报，系冒天下之大不韪。

可叹他在懵懂的康有为、奸诈的袁世凯的包围中，威望运用不扎实,从头至尾都缺乏“起义”的完整计划、周密纲领和用心的筹算，脉络相当粗率。

只要光绪及其助手没有用武器的批判否定慈禧，则后者的遗产就还要长期发酵，这个国家就还要在她的阴影下挣扎，以至于许多重大政治、社会问题均无法寻求突破。而这些麻烦本可以在 1898 年就由光绪一刀清了。

光绪的智囊团知识功底不错，但在程序措置上，仍然功亏一篑。首先对袁世凯能否运用，要做一个精密判断，如完全不能用，则应尽早借助于谭嗣同结交的民间力量，赋予名义，使其能控制中枢，在关键时刻能保全皇帝；设若笃定借用袁世凯，则必须有人看住他，或以别种手段能够羁縻之，使之乖乖顺着皇帝的指挥棒运转，不得有误。仅靠临时的嘱咐交托，实在太大意了，实与儿戏无异。

铁幕一旦撕开口子，跃跃欲试的知识界就会在其间搞出许多名堂，国人将在光绪改革时代的民间思想先行者的引领下生出更多的政治诉求。

再退一万步，即使光绪扫清执政障碍后的所作所为难如人意，但他在中枢做的最大的人头减法：一减一等于零，也会为政局的变数腾出巨大的空间。

慈禧虽然不是光绪帝的亲妈，却也是亲姨妈，有血缘关系的。禽兽，尚有虎毒不食子式的母爱天性；但对光绪而言，亲姨妈是狼外婆。光绪太缺少手段。翁同龢教给他品格的修炼，而斗争的技术则师徒都很逊色。

两千五百年前的春秋时期，吴王夫差击败越王勾践。勾践装老实装可怜，又献美女西施，又低声下气借以迷惑，成功麻痹对方，弱化吴王的打击意志。夫差是千不该万不该留下勾践的活口，放任其归国卧薪尝胆。他自以为与勾践的妥协交易很划算，殊不知二十年后，勾践卷土重来，将其俘获。

夫差有伍子胥而不用，勾践得范蠡而兴。范蠡辅助勾践二十余年，终使勾践击败吴国。范蠡既能治国用兵，又能齐家保身，是工于战略战术的罕见智士。他向勾践概述“越必兴、吴必败”的道理，说“屈身以事吴王，徐图转机”。他被拜为上大夫后，陪同勾践在吴国为奴三年。“忍以持志，因而砺坚，君后勿悲，臣与共勉”——范蠡的一席话，算是技术谋略成熟的表现。正因其思想成熟，越国才能反败为胜。反之，吴王夫差的谋略不及格，结果反胜为败，实在是不可不鉴。

光绪虽抱有大志，而上有揽权猜忌之母后，一切请命而不行，下有顽固庸俗之大臣，屡经严责而不恤。康有为等又皆新进小臣，无权无位，徒知锐意更张，冒进躁动，丝毫没有想到投鼠忌器。那些怕因改革而被淘汰的，那些希望依附满人以升迁的，自动密集于荣禄之侧，群起指责，流言中伤。

变法正当热闹之期，和帝党新进有交情的蔡元培避开了，免得人家说他想捞什么好处。失败后六君子被戮,他极为愤懑,返回绍兴。有人说他是康党，他也不加辩解。

1898 年秋间，蔡元培虽同情维新变法，但也认为康、梁做法成问题，以为其败因在未能培养革新人才，而欲以少数人夺取政权，排斥顽旧，不能不情见势绌。(《蔡元培年谱长编》，第 133 页)

罗家伦访问蔡元培，谈到戊戌那年，杨锐等人拉拢蔡元培，但他拒绝了，什么原因呢？蔡先生谓，中国这么大，积弊这样深，不在根本上从培养人才着手。他们要想靠下几道上谕来从事改革，把这全部的腐败的局面转变过来是不可能的。我并且觉得他们的态度也未免太轻率。“听说有几位年轻气盛的新贵在办公室里彼此通条子时，不写西太后，而称老淫妇，这种态度，我认为不是足以当大事。”

即此可见，敌方已经磨刀霍霍，维新高层人士还在那里掉以轻心，视敌人为空无一物，全无防患未然的周密策划，只在那里凭想象和轻狂行事，殊不知也已堕入盲人瞎马的漆黑深沟。

失败，并不是戊戌变法的必然结局。总有许多想当然的人，那些对历史事件的结局成因不做深入考察，动辄以“历史的必然”代替具体的分析。这类人是以冠冕堂皇的借口，掩饰自己的无能或懒惰。假如操作周密得当，当有稳操胜算的可能，至少有一半成功的可能性；即使不能一蹴而成，也完全可能保存实力，避免飞蛾扑火、满盘皆输的结局。

许多人以国民素质低下为由，来证明戊戌变法失败的必然性，这同样是似是而非的谬论。

戊戌变法由权贵精英设计、发起、掌控、引导，并不需要国民大众的参与。因此国民素质低下与否，对戊戌变法这样上层开局的改良成败没有决定性影响。戊戌变法的成败，取决于权贵精英集团支持变法和反对变法力量的对比和博弈。

如果光绪击败慈禧，获得全权，则改良派有可能实现自身的价值，有可能实现既定的诉求，人们对历史和现实问题的透视水平也会相应提高；中国宪政的进程，将会是一个自然的过程，一个和缓的过程，中国社会多元化，对话机制、协商机制将逐步创立。

然而由于戊戌变法失败，导致社会整整三十年不进反退，或至少在北洋时期还是徘徊逡巡。其间的酸楚与无奈岂是“落后”二字可道尽。

中国完全不像西方国家是自由体经济。西方国家的上层发生什么事情，于民众的基本营生无大碍，因为老百姓可以自己养活自己。而中国民众不同，他们只有生产力，没有生产资料。中国是一个高度集权的封建社会——人治。朝廷一个政策甚至某人心血来潮一句话，就可以让成千上万的人饿死或苟活。

何以慈禧当年死皮赖脸霸占中枢会激起国人一片骂声、叹息声、诅咒声？为什么紫禁城的权力分配会牵动国人的心？原本宫廷内的权力斗争与老百姓似乎是无关的，但是人们还得关心，因为朝廷的身躯底下压着亿万个生灵！

光绪的精神资源

爱因斯坦曾说：“在像我们这个令人焦虑和动荡不定的时代，难以在人性中和人类事务的进程中找到乐趣，在这个时候来想念起像开普勒那样高尚而淳朴的人物，就特别感到欣慰。”

光绪在古来所有帝王中，恰恰是这种罕见的高尚而淳朴的人物。

黎东方先生说光绪帝的命最苦。他的爸爸老醇亲王奕譞因有儿子（光绪）当皇帝，他的弟弟小醇亲王载沣因有他这个哥哥当皇帝，吃香喝辣，享用无尽。而他本人，“有父有母而得不到父慈母爱，所得到的只是慈禧的冷酷面孔与管教，从即位到被囚，几乎没有一天不向慈禧长跪。”

假如说，他的妈妈和慈禧没有血缘关系，那他名义上是慈禧的侄子，实际上就不可能有任何血缘关系。帝妃太多，儿子之间因同父异母，同父亲都有血亲，同生母以外的母亲就不一定了。但他和咸丰的太太慈禧确有血缘关系，这是因为他的妈妈是慈禧的亲妹妹。

咸丰的太太慈安皇后无子，因此咸丰死后便立其懿贵妃的儿子载淳继承大统，因此懿贵妃得以被尊为慈禧太后。这样，两宫皇太后住在紫禁城的东、西两边，慈禧又称西太后。同治死了，堂弟载湉继位，便于慈禧训政。

慈安为人老实，咸丰帝生前她曾劝之走正道，但有时遇事也颇果断。同治八年（1869年），慈禧派心腹太监安德海出京置办龙衣。安德海乘船只顺运河南下，一路上翻云覆雨，犹如天子出巡，沿途搜刮民财。山东巡抚丁宝桢汇报宫中，慈安立命就地正法。此事引起慈禧的极大不满。

慈安性情温和，对光绪不错，但她在光绪十几岁时就病逝了。

光绪的太太（皇后叶赫那拉氏）是慈禧的娘家亲侄女，光绪的岳父桂祥是慈禧的弟弟。所以，他和他的太太属于近亲结婚。但她和光绪的关系非常疏离。她实际上对慈禧唯命是从，负有监视光绪的任务。

在这样悲切之雾笼罩的环境下，光绪成长为一位头脑清晰、胸怀远大、为人正派的罕见帝王，实在得益于他的师傅翁同龢。

光绪和他的师傅翁同龢最为亲近。

光绪也不完全是没有胆魄的人物，但是动手晚了，事到临头才仓皇救急，而且所托非人。

据许指严《十叶野闻》说，杀荣禄、围捕慈禧，虽然是康有为、谭嗣同的主意，也正合光绪的心意。光绪在乾清宫正大光明殿接见袁世凯，屏退左右，极为缜密。殿中黑暗深邃异常，时方黎明。光绪以极低微之声音告诉袁世凯所有机密计划，要袁世凯即刻动身，到天津督署内出旨杀死荣禄，然后再率领新军返回北京，围捕西太后；并发给令箭一支，许以事成之后以袁为直隶总督。

这个时候慈禧从颐和园来到西苑祭祀蚕神，对光绪的计划全然不知。实际上如托付得人，完全可以实行。然而，袁世凯到天津立即告密。荣禄当即乘专车抵京，直入西苑，既见太后，立即牵衣下跪，将获知的密谋和盘托出。慈禧说，我看光绪近来神色不宁，今果然有事！于是她立即将紫禁城卫兵全部换成荣禄人马，稍后则将光绪哄入瀛台软禁起来。然后她以光绪名义下诏说："……慈禧皇太后办理朝政，宏济时艰，无不尽善尽美。因念宗社为重，再三恳请慈恩训政，此乃天下臣民之福，由今日始，在便殿办事……"随即带着李莲英，到瀛台将光绪大肆辱骂一通，说她抚养他成人，说她如何为大清着想，说光绪被人指使像个木偶，说光绪苟延残喘，必须悔过自新……所说皆颠倒黑白。那时没有一个人敢为光绪说话，只有珍妃义愤填膺，跪下进言说，皇帝是为国家计，不得不这样。皇帝是国人之共主，太后终不可任意废黜。慈禧一听，勃然大怒，令内侍押往别室软禁，两年后将她暗杀。

光绪囚禁十年，死前嘱咐他的亲弟弟醇亲王载沣，要记着他一生的冤苦，应为之复仇。

在当时社会腐败污浊的暗夜里，有光绪这一类高尚而淳朴的人物出现，使我们对人性多少产生一点信心。是什么铸造了他高尚的人格？其精神资源来自何处？这个年轻的皇帝所做的贡献中，处处闪现出东方传统的佛教精神，如发菩提心，慈悲济世、无缘大慈、同体大悲。

百年身世浮沤里

——人生与梦的文学思考

一

古人以为，除日、月、星三种光芒以外，天地万物，有始有终，“谁不零落”（《晋书·左贵嫔传》）。俗世虽多奢谈永恒，然而，除了看不见的空气，硕远无垠的虚空，荒漠可怕的静寂之外，就连人类自身精神心血的结晶，一切文化成果，也要随着时间的蠕动，随着其物质载体的剥蚀风化，而分崩瓦解，最终归于乌有。露水湛湛，日晒即干。人类自身科技的发达，当然也可拯救这种虚无于万一——认识并发觉自然，通过观察、归纳、演绎与实验的科学，来巩固人类的生存，以技术的不断改进来减轻劳动强度，从而获得肢体的安逸，然而一方面由于生命的短促，目光的狭隘，从事技术改进的人毕生被劳作的怪圈所束缚，心血耗尽，如牛负重，终至命归黄泉尚不知其所以然；一方面又由于技术进步的接力赛薪火相传，人作为一主动者，必然对最大的承受者——大自然造成毁灭性的破坏。小心眼的人类既认为地球是宇宙的中心——为了中心的中心，即人自身，又有什么事情做不出来呢？

科技的前途是个谜，但科学的哲学却可以帮助人类认识自身的虚无。这也许是科学实验和仪器提供给人的终极帮助。银河系中有恒星数十亿个，其中最远的恒星彼此之间的光需三十万年才能到达对方。恒星系统以外，广大空间的汪洋中，更有数以百万计的旋涡星云，茫然在那里蠢动，其中所距最远者所发光芒，须行走 1.4 亿年方能到达我们眼中。倘若地球和这样的星云相比，只算是一粒灰尘，那么人又算什么呢？

关于天体演化，《科学史》的作者，W · C · 丹皮尔说："地上的九十二个元素可为恒星内部的热力所毁坏，地上的原子，即用以组成地球和我们身体的原子，或许只是这个宇宙过程的副产物，剩余的死灰。"

凯尔文爵士提出的能量逸散原理，以及克劳胥斯提出的熵向极大值增加的学说，都指示一个最后死亡的平衡状态，在此状态中，热量在均匀地扩散，而物质为永远的静止。

因此，丹皮尔先生又引秦斯（J · H · Jeans）的著作说："宇宙不可能是由其现有的成分中偶然产生的，也不可能如现在一样继续下去，宇宙将无日光，也无星光，只有辐射的一道冷辉，均匀地扩散在空间。这确是今日科学所可见到的全部宇宙演化，终究必将达到的最后结局。"（《科学史》）这种结果，善感者思之难忍，但是石坚而朽，星华而逝，林木虽茂，无形可久。宇宙，恐怕不大可能为了谁的高兴与否而继续维持其存在。《庞贝城的毁灭》那幅古画所精细刻画的人类的惊恐，也许最能说明人与自然的关系，说明宇宙的盲目、盲心兼茫然。《关尹子·二柱》说："譬如水中之影，有去有来，所谓水者，实无去来"。人之于无垠的虚空，亦如影之于水。

现代尝有无名氏编一奇闻，说是外星人到地球考察后写一报告，乃谓地球细菌密布，其名曰人，繁殖极快，蹂躏地球，吃动植物，排泄污物，酝酿战争，在垃圾堆中算计争夺，穷极攫取，无有尽头，地球奇痒难耐，总有一天会人球共灭，云云。其实古人早已申发此意，《论衡·本性》云："然则人生于天地也，犹鱼之于渊，虮虱在衣裳之内，蚁蝼之在穴隙之中。"而地球也实在并非无灵之物，不停地挖掘穿凿，"皆为疮伤，或得地骨，或得地血。"这样看，人类种种危害，正是自取毁灭的前因。

也许古人早已领悟人类自身种种与生俱来的劣行，心头的大痛隐情遂渐渐衍为一种恒久蒙络，挥之不去的忐忑不安。唐人张若虚当月白风清之夜，临春花，睹江流，却辗转复沓，感喟无尽。"江畔何人初见月，江月何年初照人。人生代代无穷已，江月年年望相似。……不知乘月几人归，落月摇情满江树。"全唐诗仅存张若虚诗二首，但使它为压卷之作，真无愧色！那种对自身命运的深思，仿佛永不消弭的阴霾，衍成生命的苦闷和疑问，这大概和伽利略1640年的断言——"自然界没有一件东西能保持永久"——是出于同一机杼的。就在这种不能持久的世界，更有无尽的折磨充斥，所以清人钱箨石要说："三十四年何限罪，百千万念不如灰"。而林黛玉的悲歌，简直让人战栗："一年三百六十日，风刀霜剑严相逼。……一朝春尽红颜老，花落人亡两不知。"若说林黛玉还是恃怙双失的若白居易所谓的"柔弱苗"，弱质零丁，飘萍断梗，不堪风雨助凄凉，那么，古代西班牙国王拉曼三世的自白总要令人嗒然有所思了罢？他历数平生际遇，不禁黯然生悲："我治国五十载，升平欢宴，物阜民丰，人民拥戴，权力与享受，呼之即来，人间的福祉，未尝稍乏。然此情形中，我勤加计算，我一生的真正纯粹的幸福日子，总共仅有十四天！”真是发言凌厉，可惊可愕，乃因欲餍愿偿，乐亦随减。愿足意快，为时无几。至于浮世众生，因了种种钳制，即使偶有乐事，也必回思无趣，愈加苦恼，正所谓：

香冷绣帷人意懒，热场经过转添愁。

陶渊明设计理想的农耕社会，鸡犬之声相闻，黄发垂髫，怡然自得；意人康帕内拉设计太阳城，英人莫尔勾勒乌托邦，井然有序，为无上美满之理想国，其状可亲，其心可感，其情可悯，然其终局，颇类近人王韬小说里的情形：“忽觉鼻中气痒，一道白光突出，美人已杳，启眸视之，座下死一九尾狐。转至向所居处，则庐舍全无，但见苍松翳空，黄叶寒径，行云舒卷，流水潺潺而已！”食尽鸟投林，“红炉焰上片雪飞”，石火光中留泡影，烟云过眼，多快！从前读《红楼梦》屡生烦躁之感，想那林黛玉，泪腺特别发达吗？何苦每日必寻事哭泣不止呢？原来她的辛酸所来有自，所谓眼中流血，心内成灰是也。她哭的真不止是小小一己，她也是大哭古往今来的“俺们大伙儿”。天地尚不能久，何况人乎！

二

据一份评论今后一百年全球天气变暖之后果的报告说，至2100年，地表气温将上升0.5℃到1.5℃，三分之一的冰川会融化，海平面则上升十五厘米至一百厘米。《荀子·富国篇》尝谓：“天地之生万物也，固有余足以衣人矣。”他太乐观了，未曾料人类的蛮横厉害。

科学家断言地球将逐步变暖，又断言其中颇有人为因素。各种能源的消耗迫使老天爷脾气越来越暴躁。所谓暖和，并不是想象中的四季如春，暖和的叠加，意味着暴热，紧接着的是土地海洋化，沙漠扩大化，超常的狂风暴雨促成饥馑瘟疫的发生，环境的难民将批量出现。汉代铙歌十八曲中的情诗说，天啊，我要和爱人相亲相伴，永不分离，除非“山无陵，江水为竭，东雷震震，夏雨雪，天地合，乃敢与君绝”！看来星星情火，屡屡情思，播腾于寸心之中，欲求解脱，而竟不能！然而在自然的变异中，海枯石烂都是可能的，并且恐怕是必然的,那时不但要“与君绝”,人人都要“自绝”。偶然来，必然去，偶然有，必然空，一切赌咒发誓，都是自欺欺人。那就不仅是北邙无数荒丘，前人田地后人收，流水无情草自春了——而是一切都成了无垠虚空中的一粒灰尘了。托尔斯泰每每以道德准则来规范艺术，他的话多云山雾罩，但他不知基于何种心理说过这样一句话:“我为了一张漂亮的脸，甘愿放弃一切已有的物质享受。”(《巨匠与杰作》) 这倒很可能因了他的孤独，而流露出来的透顶透底的悲观，以及其中生命的恐慌和挣扎的痕迹。

死生，大事也。古代埃及所产生的木乃伊及豪华陵墓建筑，乃是因为他们关怀死亡，相信死者的灵魂终将进入阴间，再次回到身体里来；而古巴比伦人不同，他们更轻信于现世的繁荣而不是来世的盛衰，因此巫术、卜筮和占星术要比其他地方都来得更为发达。虽然宗教观的表达方式颇有歧异，而其实质，在根柢上，都是一样的。现代生物学以人为碳水化合物，佛教以为人身乃地、火、水、风四者构成，四大基本元素只是暂时假合而成，终将归于虚幻、无常，“胞胎混沌，四大皆空，没甚姓名”(《水浒后传》)。一切都是幻象，生前死后的论证关怀，也实出无奈，聊且为之罢了！旧时王谢堂前燕，飞入寻常百姓家！死骨日朽，状颜日以丑。百年同一瞬，岂复论先后！1995 年 12 月 4 日《今晚报》引外电报道说，秋冬之季巴黎郊外的墓园成了一些人的好去处。不是为凭吊，而是为气氛。秋冬间的墓园神秘而悲凉，引人深思，对于人认识自身本质颇有助益。

人，既知这彻头彻尾的悲凉之不能免，人生如梦的慨叹就越发的生生不息，层出不穷了。“人似秋鸿来有信，事如春梦了无痕。”苏东坡说的。而“如梦”正是大乘佛教十喻之一，佛说如梦，是我法两空。梦是一种意念载体，是潜意识的心灵投影，人生如梦，无非是无数小梦极度放大而已。梦包涵了逝去的生命，以及这以外的一切的虚空。所以，人一方面同自然万物比照，要感慨：流光容易把人抛，红了樱桃，绿了芭蕉。一方面由人群而反观诸己，更要长喟：故友飘零尽，余等亦轻尘！

汤显祖的“临川四梦”，张宗子的《陶庵梦忆》，莎士比亚的《仲夏夜之梦》，庄周的梦为蝴蝶把一个个观念戏剧化、假定化。据说至今人无梦，但普通小民，终不免为梦所苦，梦后忧存余哀，却不知其所从来，最后还是要在那个大梦里，跌入各自的太虚幻景。古希腊抒情诗人宾达尔 (Pindar) 尝谓“人生是一个影子所做的梦”。他说得好极了，尽管梦中说梦，虚幻轻飘得很。但是，还有什么比梦更贴近现时生活呢？感慨虚无其实是清醒的，人生一世，若朝露之托于桐叶之上，奄忽而逝，这与科学的精神正相接壤通气。

觉后始知身是梦，更闻寒雨滴芭蕉！（【唐】徐凝）

大梦将尽，犹事雕虫，聒噪不休，这一番笔墨，实在也是一种梦呓。但韩愈说："莫忧世事兼身世，且着人间比梦间。"梦中尚可自由徜徉，一睁眼却被现实的麻绳绑个结结实实，所以韩愈有此逆向比喻。契诃夫笔下的万卡，年方九岁，为鞋店学徒，备尝艰辛，圣诞节前他给爷爷写了那封无法投递的信，"他在梦中看见一铺暖炕，炕上坐着他的爷爷，泥狗在炕边走来走去，摇着尾巴……"，这正是拿人间去比梦间的要旨所在！痛苦何以使艺术家更有力地表达自己的个性呢？乃因痛苦作为一种心理感受，其程度深浅跟理解的强弱有关，梦醒而失路的知识者心灵创痛，要超乎一般人。

晋代的谢安，给他的朋友支遁写信，说："人生如寄耳，顷风流得意之事，殆为都尽。"《古诗十九首》里面，人生如寄的思想更是多得如闪烁的星芒："人生天地间，忽为远行客。""人生寄一世，奄忽若飘尘。"孤单，寂寞，困苦，固为天定，就是被服纨素，据要路津，登楼四望，暇目销忧，甘脆肥秾，风流遂愿，仍不免晚来闲眺，云树兴嗟；晨起临妆，镜花悟幻，知聚散无常，浮生一梦耳。古人虽不能以现代科学成果照临世界，却不免有着极端的科学情怀，那种天然敏感的潜质，看清了人类的悲凉和宇宙的盲目。

人生如寄，犹言人生过程的迅忽轻飘，而由无数时间碎粒组成的人生过程，往往又是愁苦随身，众里身单，终日目睹，但见异类，未尝不闻乐而拊心，临觞而叹息也。杜甫《醉时歌》中"儒术于我何有哉？孔丘盗跖俱尘埃"敏锐地看清了终局的毫无意义。而心情的彷徨也仿佛一种蒙络灵隙。鲁迅《影的告别》，影之云云，委实正是心灵的徘徊，天堂、地狱，以及那些人将来的黄金世界，皆因"不乐意”，而拒绝前往，影子虽然来告别，却不知何适，既难以跟从庸俗的形而随其俯仰，又不愿受“希望”的欺骗而满足廉价的幸福，最终不免“向黑暗里彷徨于无地”，好像飞鸟落水，绝难舒展。

汉高祖驾崩不久，张良屡有退意，欲从仙人赤松子游于白云山水之间。吕后感于他的辅佐之德，乃很体贴地对他说:“人生一世间，如白驹过隙，何自苦若此？”（《汉书》，卷四十）张良拗不过她，真的过了六年人间繁华，才结束了他的毕生哀乐。张良欲学仙，是人间风雨有激使然，背景无非人间如梦，所以要延长这个梦；而吕后着眼点在人生之短促迅忽，所以要加强享乐的密度，背景也是感于生存的虚幻，殊途而同理。生存的迷惘，似乎渗透到了思维的每一网点，而其所以迷惘，倒是清楚的，但这清晰，整体毕竟是一个硕大无朋的彷徨，叹息人间万事皆非。李叔同出家后所刻“烟寺晚钟”一印，冲和稚拙，刀法多藏锋，和他出家前的渊懿沉雄颇有不同，读之生发大悲悯，好像晚钟的飘逝和淡烟的流散，跟人生的渐渐衰残正是一物的两面。其间人生的本质是因放弃而净化。读他的《送别》《蝶梦》更可加深这种感觉。

三

心灵的不舒适，或许尚可创作艺文，退一步想，借想象来安抚落寞的心境；下层社会的细民把他们的目之所察，心之所悟纳入情与肉交缠的民歌中。智识阶层呢，说着言不由衷的话，力图在平庸的现实牛皮上咬出几个洞来。而肉身的虚无，却彻底地无可补救了。草木无情，有时飘零，俯仰人间，都是无聊岁月。人虽然是万物之灵，然而，百感忧其心，万事劳其形，“渥然丹者为槁木，黟然黑者为星星。奈何以非金石之质，欲与草木而争荣？”欧阳修说得已很透彻。冯小青“去则弱絮风中，住则幽兰霜里”，谁又不是这样呢？谁又逃得出这个通律呢？魏晋人“终日驰车走，不见所问津”，精神和物质生活同样没有着落，徘徊中终于靠向玄学和佛学。人与人的自相残杀，豪杰枭雄也不免感慨万千：“生民百遗一，念之断人肠。”（曹操：《蒿里行》）也是这样百念俱灰的境况中，年老的爱书家波纳尔，每每在他的书堆旁，向他的猫儿诉说他的珍藏以及他隐隐燃烧着的绝望的恋情，怅坐寂寞，不能自解。契诃夫笔下的马车夫——姚纳·波达波夫，驾着马车在雪野里蠕动，在喧嚣而又寂寞的人世旋涡里想心事，可是“我拿我的烦恼向谁去诉说？”（《旧约·诗篇》）没有任何一个人理会他的倾诉，——他死去的儿子的事。最后他冒着雪走到马厩里来，讲得起了劲，把儿子的故事讲给马儿听了，“小母马嚼草，听着，闻主人的手”。死是最后的空洞，而生的过程，实在也就是一种缓慢的死亡，在这样一个缓慢的过程中，马车夫的彷徨悲戚，不正是人的本质属性吗？种种荒唐的小波折后面藏着多少人生的辛酸。人及其自身所处的社会发生了种种可怕的日常生活，平生奔波为口忙，不可避免地要跌进单调、无味、贫血的生活牢笼，人自身有不可补救的病，而社会制度的病态缺陷，更不知容纳了多少污秽，工厂里流出的水，脏得像奸人独夫的血。欲火的轰燃中，卑劣和罪恶由此生生不息，霜威肆虐，玉石摧毁。联邦党人当美国革命后期，乃激烈发议，讨论社会制度之修订，使之为短暂的人生，增添一分体贴公正，汉弥尔顿认为不同利益集团组成社会结构，在文明国家中，他们受不同情感和见解的支配，而“管理互不相容的利益集团，是现代立法的主要任务”。可惜这种法制精神，在世界各地分布如地形地图一样，颜色深浅各不同，生活的质量，也就大不一样啦！

叔本华说人一出生，其罪孽就产生了。这既说明人是来源于一种完全不可知的偶然，也说明他在江河日下的病态社会中的悲凉。《鲁迅全集》第一卷说当时军阀混战中，蜀中乡村小孩只值八文钱，相当于几粒水果糖的价格，而西安碑林有一首《荒岁歌谣》，更证明人命的危浅:“人肉竟作羊肉卖，街市现有锅儿煎。家有亡人不敢哭，恐怕别人解机关。”近代奥地利人卡夫卡,作品每多苦闷及绝望意绪，笔调密布冷酷与嘲弄气氛，即是深感于种种不景气的社会，个人和个人的生命往往连蚁蝼也不如，所以他笔下那个大男人，一觉醒来，干脆变成一只大甲虫，现代文明甚至以失却人的自身为代价。机器和规条榨干了人的性灵。他们的情志，也仿佛败军之将，恐惧失魄，视彼敌人，皆谓勇士。汉代那些中小地主阶层的知识分子感慨悲凉，也无处派遣，只好不想了，不说了，最后凝结成一种无奈：“努力加餐饭。”然而，这是需要相当的物质背景的啊！否则，当真正的穷途末路到来之际，即使人类的肉身“现有锅儿煎”，恐怕还没有薪釜呢！到了近代，孙中山先生和他的朋辈乃在一片泥泞与烂污中长途跋涉，舍生取义，穷究探寻，他的社会、经济、行政改革措施，每每说到人生的实处痛处，当重任在肩，他能勇敢挑起；在社会混沌、政坛纷争白炽化的情势下，又能决意退出，保持清高清醒，恢弘忍让。中山先生论民权，以为史前人与天相争夺，“自有历史以来都是人同人争，专制到极点，人民就反抗，所以百余年来，革命的思潮便非常发达”。又论民生“就是人民的生活——社会的生存,国民的生计，群众的生命”。这是把人真正当做人来看的良心宣言。

乌托邦派虽然极为悲天悯人，但还只是说理想上的空话，作一种寄托，到中山先生则是由不忍心到实践改变。1925 年先生临终前嘱咐诸党人“死生常事，本无足虑，但所抱主义终未完全实现。希望诸同志努力奋斗，使国民议会早日成立，达到三民、五权之主张”（《孙中山年谱长编》）。他的数十年的艰辛奔走，实际上也正是要为这梦幻般飘忽、磐石般沉重的人生求得一定的意义，起码的饱暖和安居，尊严和自由！然而，可惊的是深刻的人道主义者狄更斯“决不相信采用某种政治信条就能使生活有所改进，也不相信现存的任何统治形式会带来幸福，他对人类可臻完美缺乏信心”（《狄更斯传》），可能底蕴也是“古人极于德，中世逐于智，当今争于力”（《韩非子》）吧？人生有尽，世变无涯，真的是一蟹不如一蟹了。难怪南明政权的吏兵两部尚书瞿式耜最后要痛吟：“一生傲岸真乌有，六尺昂藏亦子虚！”那般愁惨，字字血泪，极度难释而又极度空幻，仿佛巨石坠千丈坑，难以逆上。

即使这样如梦的人生，中间却横亘着历代对人的尊严的侮辱，中世纪教廷的黑暗，近世法西斯纳粹的仇杀，东方极左分子的反人道的猖獗，一般良善人群，总是受着无尽的煎熬，而历史也总是在大杀戮、人吃人、人整人、民族斗争、秘密监狱、政党纠纷、殖民侵略、种族灭绝的恶性循环中兜圈子，其间又每每环绕独夫变态的政治情热，痴狂阴毒，一意孤行，嗷嘈小民成了受人肆意侮弄的棋子木偶，古久先生的陈年簿上写满了“吃人”二字，这样的古久先生是很多，很多！因之世上很少有清新的空气。乔装打扮的现代封建余孽百般遮蔽事实的巨大悲剧性，其为残酷，病痛于民，真正是蟊贼多与禾稼。种种暴政，又是“其治如狼牧羊，其爪牙吏虎而冠”

(《史记·酷吏传》)。小民劁类，略无喘息机会。一些地区更以淘汰民族精华为能事，正义、博爱、血性、人格、利他主义渐次被逼迫到难以容纳而归于消隐，而算计他人、专门利己、告密成风、为小我而不惧洪水滔天等等劣迹，反而密布弥漫，加以礼义廉耻没有钞票重要，这种不堪的风气甚至渗透到遗传基因之中大量传承，整个种族的精神面貌，更其丑陋不堪，一片狼藉了！

人生固是虚幻，而横亘其中的痛苦呢？却沉重得像磨盘。1920年，沉疴缠身的契诃夫前往乌拉尔山区的某家大地主庄园调养，在那里和一个大学生谈心，契诃夫对景生愁，认为城市固贫困混乱，乡村更加民不聊生，年轻的时候尚可像麻雀一样叽喳跳跃，但还不到四十岁，就已老态龙钟，开始想死了。所以托尔斯泰那种堂皇到离谱的艺术准则也实在只是空中楼阁，当不得真，也经不起现实的检验。汉代的相和歌辞说："头多虮虱，面目多尘，孤儿泪下如雨。"这是因为人之来到世上，是一个硕大无朋的偶然，"孤子偶生，命当独苦"，委实也是在为整个人类写照。生活艰辛的步伐难以挪移，人们在烦恼困厄中打发日子，譬之失舵小舟，漂泊于大海中，前无崖岸，后乏救援，狂风若掣，猛浪若奔，想不桅折樯断可能吗？这样的绝境浩劫谁能逃脱呢？可是就是这深渊一样的痛苦，最终仍然要被一场大梦挟裹，归于乌有，这更是透顶透底的虚幻。

变法路径的再认识

改良人士在戊戌变法惨败后的十多年里，不断的提议与进言，上呈要求立宪的请愿书，实因他们仍对专制政权寄予希望，抱有幻想。

其实要改早就改了，不改的永远不会改变。

回味一下法国大作家雨果的忠告吧："寄托有时便是断送"。

清廷公开露出了它的嗜血狂魔面目的时候，相当数量的人士却仍在宣扬改良合作，他们仅仅是糊涂吗？客观上是在为虎作伥，是在帮清廷掠杀百姓。光绪和慈禧属于血亲关系，她尚且对他置之死地，康有为指望一个靠暴力、谎言、宣淫成性的嗜血人格改弦更张，放弃专权独裁，实施宪政，那无异于向寿衣铺订购婚纱，纯属异想天开。

康老的种种作为，可谓温和、体贴而又"理性"，可惜慈禧集团并不领情。慈禧一直要康、梁的人头，1904 年 6 月 21 日，清廷下诏通告全国：本年十月初十日，将是慈禧太后七旬寿辰，"从前获罪人员，除谋逆立会之康有为、梁启超、孙文三犯，实属罪大恶极、无可赦免外，其余戊戌案内各员，均着免其既往，予以自新……"真是一语道破天机，这也可以说是对立宪派的一个决绝的表态。

自由、民主、宪政，它的价值，没有疑义。但自由民主绝对不是从天上掉下来的，需花很大的力气去争取，争取过程中会有牺牲，但绝对不能犹豫，否则自由民主就会远离。

同西方世界近代以降那些堪称伟大的革命家如英国辉格党人、美国开国先贤以及法国启蒙思想家相比，康老的作为就显得先天不足、后天失调。是依靠冥顽分子来实现民主宪政呢，还是解体清廷让民主宪政早日分娩？这是一个大是大非的问题。

康老的思路，是不是有点本末倒置了？

他并不缺乏政策意识，缺乏的仅仅是正确、可行的政策意识。不客气地说，改良派的启蒙知识分子及其左右，所从事的宪政运动最缺乏的就是敌情意识。致命之处就是把冥顽极权分子当成威权政体，甚至仅仅当成是存在一大堆有待改进的社会问题的正常国家。如此一来，他们首先就把自己当成了这个国家的公民。在充当反对派时，潜意识中预先承认了独裁及其法统的合法性，自己也成了带有怨妇色彩的所谓建设性反对派。殊不知，独裁者只有敌人，而无所谓合法存在的反对派。

戊戌变法被政变打掉，六君子遇难。29 日，清廷下诏停止天津阅兵，随即，聂士成、董福祥、袁世凯均得赏银两。他们都是杀灭政改的有功之臣。

下诏命将张荫桓发配新疆，徐致靖永远监禁……说康有为实际为叛逆之首，包藏祸心，密谋劫持太后，命令追拿康、梁，销毁其所有书籍版片，命令两广总督谭钟麟查抄康梁在广东的家庭，逮捕其家属。李端棻发配新疆，追捕王照，查抄家产，湖南巡抚陈宝箴革职永不叙用，刑部主事张元济，工部员外郎李岳端等人均革职叙用，查禁天津、汉口、上海各报馆，逮捕主笔，裁撤农工商局……一方面是黄遵宪得到了伊藤博文的帮助，从上海逃到广州；另一方面，张之洞请求日本总领事驱逐康有为、梁启超等人。

荣禄请求将聂、董、宋、袁世凯各部为武卫前后左右军，分驻山海关和小站等地。

1899年的12月，清廷以李鸿章为两广总督，未到任由德寿代领。此时梁启超的《清议报》谴责慈禧太后，孙中山在海外组织兴中会，所以清朝派李鸿章为商务大臣，以考察商务的名义，前往各通商口岸布置、抓捕康有为等人，李鸿章派刘学询赴海外抓捕康有为以及孙中山等人，并说，能杀死康有为能被封为公爵，杀了谭嗣同等人，并且流放一大批，而对逸脱的康、梁等人一直不放松，清廷谕“康有为、梁启超逃海外，肆为簧鼓，刊布流言，离间两宫，复在沿海一带，倏往倏来，命海疆各督抚悬赏购线，严密缉拿，破格以赏，如能设法致死，亦从优给赏”。

专制长期侵蚀，导致国人奴性遗传太强，凡是窃据高位的独裁头子的话语，都要作神圣的解读。因为慈禧发话了，于是这句话就变得高深莫测，且具有神圣意义了；可悲的是，在概念如此清晰的情况下，有些自称是改良派、宪政专家者还是一相情愿成狂，把慈禧的“变法”解读成等同于民主。

慈禧完全在暗示或明示光绪已经失守，只有她才承传祖制。所以在她的治下，没有任何起步的机会，本身完全没有民主改革的任何迹象。可见，慈禧判定西方宪政民主模式危害她的独裁统治，不是误判，而是“正判”，所以不存在任何“辨误”的可能。

腐儒们总以为，康、梁等人深刻而高明，得出革命必得专制的深刻预见。他们认为辛亥革命的成功埋葬了立宪派最后的努力，同时也颠覆了晚清政坛脆弱的政治平衡。更说什么 1906 年载泽上奏“奏请宣布立宪密折”，1907 年官制改革、试行地方自治，1908 年颁布《钦定宪法大纲》，政府推行宪政的决心不可谓不大，步伐不可谓不快……。好像是革命搅扰了他们的好梦。

也有人说：“后清主人慈禧太后面对江河日下的政治残局，一方面死守不放，一方面痛定思痛，也在寻找一个与新事物可以共生的中性空间。如此，便催生了在其本人、在整个满清乃至整个中国历史上最大的一次帝制改良：全面实行君主立宪，走虚君共和的道路。这一步，应该说是真正的前无古人，后无来者，假设这一步提前哪怕只有十年，中国的历史和命运将是另外一副模样了，又何来后来的辛亥革命？在太后的《钦定宪法大纲》出炉不久，尚没有能够真正在全国铺开和落实，便传来了革命党那要命的枪声……”

亏这些先生说得出口！何谓“尚没有铺开”？事实是根本就不会铺开，也从来就没有铺开。

那要命的枪声？并不是那特定的辛亥枪声要命，早十几年的革命党的运作就是在促使他们政治改革。就算他们虚情假意的口头改革，也是在压力之下。并不能说，阁下的假意改革，要人家停下来等您，砍头、抓捕、流放随您，哪有那么好事？阁下怎么不早点来将就革命党？甚至稍为将就一下维新派的改良分子？非但不将就，反而大举砍头。

稍加一点回顾，就知引文中所说什么“中性空间”从来不存在。自戊戌变法以后，直到外逃西安时节，慈禧一直想干掉光绪皇帝，一连数天召见溥字辈的儿童十几个人想代替光绪皇帝，并发电报给地方官和各国使节征求意见，1899 年 1 月份，上海电报局总办经元善等一千余人通电反对废立，清朝将经先生革职抓捕，并命令浙江巡抚将经先生的家产查抄，2 月份，悬赏捉拿康有为、梁启超，命令李鸿章将康、梁在广东的祖坟挖掘削平，命令沿海各地地方官悬赏十万两白银抓捕康、梁，或将其杀死亦给重赏……

以致两个月后，梁启超写信给澳门的友人，并与唐才常、康有为商量准备暗杀李鸿章，并到处联络地方豪杰，准备在广东生事，这是被逼到墙角无处可退的改良派，近年被一些腐儒坚称为非暴力的前贤，他们却准备撬掉李鸿章！

到了 4 月份，梁启超写信给康有为，主张先攻取广东，并在广东建立政府，4 月底，梁启超写信给孙中山，劝中山和他们一起干，但要中山先生同意事成后举光绪为总统，同时催促徐勤暗杀李鸿章。

这时候，后党首要分子刚毅，载漪、徐桐等人准备利用义和团杀洋人，即所谓扶亲灭洋，另一派以李鸿章、张之洞、袁世凯为首主张镇压义和团，6 月份，义和团蜂拥踏入北京，这时候，清廷几乎为义和团所控制，张之洞、盛宣怀惶恐不安，提倡东南自保，7 月初，清朝廷命令将流放到新疆的张荫桓正法，在如此靡乱的环境中，仍不忘报一剑之仇，同时调李鸿章为直隶总督和洋务大臣，与各国商请停战，7 月份，唐才常在湖北、湖南一带谋划起义，事败被捕，旋遭杀害。

……

所以，“中国历史上最大的一次帝制改良”并不存在，不可能存在一种最大的改良，已经发生的是要将改良派赶尽杀绝。

事实是，不革命已经处在专制当中。立宪的步伐简直没有，还说什么“不可谓不快”！腐儒们不知，如果康有为不跑，他的脑袋都没有了，还说什么政治平衡呢！

可是，谁也没有面向清廷，引颈受戮的义务！

绝不能把一切的暴力等同于国民革命，革命者其实并不是有革命狂。哪怕是曾经的统治者，只要他在追求一个和平且有尊严的未来，革命党就是他的朋友。那些靠贪污欺骗和钳制异见保住权势的人，他们肯定是站在历史错误的一边，而只要他们愿意松手，革命者就会帮忙。

但是清廷自始至终都在与党人为敌。那些什么“辛亥革命搞糟了，不然就君主立宪了”之类的夸夸其谈，欺世盗名，究其实质，也正是对清朝的历史太过无知所致。将近三百年的满清的进攻、统治的岁月，就是一部血迹斑斑，充满了屈辱和丑恶，充斥了无数蹂躏人权和血腥黑暗的历史。

清末十余年间，各色人等均把宪政、改良、变法挂在嘴边，慈禧的“变法改制”指向巩固集权专制，康有为的变法改制指向以布衣为卿相，袁世凯的变法改制指向实力专权，孙中山的革命指向真正的政治现代化，即民主化。

衰象依稀记牢愁

酒、茶、奶、蜜这几种神秘的液体，总是以其恒久的魅力，长养并慰藉人心。从东晋惠远和尚的林下之风开始，茶更是和历代文人结下了不解之缘。唐人卢仝说他的七碗茶，是一种功夫和境界，不过他的细数每一碗茶水的饮后生理反应，似太拘泥也太玄乎了，有点无事生事的味道。

而像《醉茶志怪》的作者李庆辰那样，把茶当做生命的象征的，又颇令我们为之感怆。这位晚清的笔记小说作家，虽门衰祚薄，却能襟怀旷逸，而他的迷恋于茶，又大有深意焉。醉茶之醉，却颇类六一先生，醉翁之意，原在乎山水之间也，而这位自号醉茶子的李庆辰，在他的醉意内外，还让我们看到旧时文人沉溺所好，不通时务的旧癖，看到了他的临深履薄的牢愁幽愤。他说："维时风萧雨晦，人静夜凉，茶烟飞古鼎之香，兰柱吐秋灯之焰，濡毫吮墨，振笔直书，则此中况味，真有不堪为外人道者也。"

读着他这样的心情，也仿佛为同一盏孤灯所烛照，益发在时代飘零的风雨中，咀嚼出那一以贯之的物伤其类的心怀。一般像他这样百事不能的下层知识分子，科举这条独木桥又为之堵死以后，那种彷徨于无地的景状，真可以让人扼腕。出路被堵死了，却又不能全盘把它否定，渴望个性的自由，又不免为伦常所羁，当此之际，越是吟风弄月，他的岑寂心境，就越发深厚而不可解。所谓醉茶，固所爱也，然也不得已也！说他是一种象喻，乃因物质的茶只是一种引子，它引发的契机——创作，才是倾吐牢愁的关捩。

这样的文人，牵萝补屋，百事乖违，罗雀掘鼠般挣扎寄身于社会底层，聊以卒岁。一切物质的倚靠，都已失去，却对自己的真笔真墨，百般难舍。其文笔的高华，寄意的深远，真可以说是醉人的茶了。一切不堪，一切苦闷的乐章，硬是牢牢附着在字里行间，挥之不去。

这样的文字之茶，和那些优游卒岁的官宦的文集，其间的情思寄托，自然是判若云泥了。而在文学的价值方面，这些落拓一襟、寒窗坐老的文人，却汇成了文学史上不可漠视的强劲清流，使我们把卷之际，仿佛浸润在心情的烟水之中。“夜深风雨归何处，西月窥人到半窗”，是他们枯坐的写照。试设身处地体味一下这种景况，总要令人呜咽不胜的。卢梭考察人类的历史及其不平等的起源，尝谓：“追求幸福乃是人类活动的唯一方向。”又谓“我们所以求知，无非是因为希望享受”。而多愁善感的文人却远离物质的享受，灵识的交纠，达于极点。当此时也，文字已成为他们唯一的也是最后的寄托，还要在其中烘染一点悠闲的况味。而现代社会的到来，更把他们的心血，逼近寂寞的极地。沉思者的心灵是不会舒服的。唯在这一点上，也因了这一点，他们又在现代文人中找到了知音。“门无过客窗无纸，炉有寒灰月有霜。老僧自有安闲法，八苦交煎总不妨”，是愁苦人故作放达语，益发愁不可加，安闲之闲，真不敢作等闲看。若明代文人张大复《梅花草堂笔谈》所说，是“大都穷独无聊之念，可涕也”。

诗、茶、酒，其实都是文人努力追求的境界，不过这一切似乎都特别需要物质垫底，而失却了物质后盾的文人明知自己不免即将到来的灰飞烟灭，还要孜孜矻矻寻觅寄托，那种心劳日拙的感觉就尤其明显了。但事实是，封建社会下层知识分子的万般挣扎，在森严的社会现实面前，同游丝枯藤无异，一有风吹草动，就一败涂地全盘葬送了。这样的文字酽茶，也真是比药还要苦涩到不知凡几。

而这一切，也是宿命般不可免除的。蒲留仙说他的知己当在青林黑塞这样的荒寒之境，东坡说鬼，干宝搜神，醉茶子托兴狐妖，寄情儿女，机杼同一，最要紧的是他们的悲志衰象总有人为之击节赏叹接受，秘之若宝。法国阿兰·德隆主演的巨片《蒙面人》，一个被政治流氓追杀的硬汉，冒死去看他的女友，他说，“所有的花店都关门了，我采了一些路边野草花！”想来真是颇有深意，在八面埋伏的环境中那一束路边野芳是怎样的一种心情啊！如果所有的路都堵死了，那么让我们接过古代文人的文字茶罢，那是他们献给后人的“路边野草花”。